Profesor: Everardo Zapata Santillana

Galardonado con
las Palmas Magisteriales
en el grado de Amauta.

Coquito

Clásico
Lectura inicial

Método Global de Palabras
Para aprender a leer, escribir y pensar con los Conjuntos Integrados.
Contiene todas las Áreas de Aprendizaje.

Ediciones Coquito

Argentina • Brasil • Bolivia • Colombia • Centroamérica • Chile • Ecuador
EE.UU • México • Perú • Paraguay • Pto. Rico • Rep. Dominicana • Uruguay • Venezuela.

PRESENTACIÓN

Coquito es un texto didáctico y científico a través del cual más de 37 millones de niños hispano-hablantes han aprendido a leer, escribir y pensar.

Coquito está concebido y estructurado en 54 lecciones rigurosamente graduadas, con las cuales se logra iniciar al niño en la lectoescritura, abriéndole un futuro de posibilidades intelectuales y emocionales que elevan su conocimiento y autoestima, brindado una gran satisfacción a maestros y padres de familia, cuando éstos comprueban que los alumnos aprenden a leer y escribir comprendiendo lo que se lee.

*El **Método Global de Palabras**, creado con el libro Coquito, se sustenta en el universo vocabular de los niños y en la singular característica del castellano que, por ser un **idioma transparente**, se lee como se escribe y se escribe como se habla, a diferencia de otras lenguas, cuya complejidad fonética es notable.*

*Por ello, no es aconsejable, para la enseñanza de la lectura inicial en español, adoptar métodos concebidos para **idiomas opacos**, como el inglés, francés y alemán, entre otros, que prolongan hasta en quince meses el aprendizaje de la lectoescritura.*

La permanente preocupación del autor, con su equipo de especialistas, es reestructurar y actualizar el libro, acorde a los avances y sugerencias de los educadores que utilizan Coquito con notables logros, superando las expectativas de la mayoría de países hispano-hablantes.

Agradecemos al Magisterio la acogida que nos brinda y podemos garantizarles, a maestros y padres de familia, que han elegido un método de calidad y excelencia comprobada, que desarrolla los procesos mentales, tomando en consideración las características lingüísticas del idioma castellano.

El autor.

Coquito Clásico Lectura Inicial
Copyright © 2014, by
Everardo Zapata-Santillana
All rights reserved.

Ediciones Coquito USA, LLC.
13455 N. Bowers Ct.
Tustin, CA 92782
USA
Teléfono: 714.833.1364
info@edicionescoquito.com

$11.95
ISBN 978-0-9836377-5-2

No part of this publication may be reproduced, or stored in a retrieval system, or transmitted in any form or by any means, electronic, mechanical, photocopying, recording or otherwise, without written permission of the author and the publisher Ediciones Coquito USA, LLC.

Las características, presentación y disposición en conjunto y de cada página de *Coquito Clásico Lectura Inicial* son de propiedad del Autor. Queda estrictamente prohibida la reproducción parcial o total de esta obra, textos y gráficos, por cualquier sistema o método ya sea electrónico o mecánico, incluyendo el fotocopiado, el escaneado, el almacenamiento en algún sistema de recuperación de información, o el grabado, u otros sistemas y métodos, sin el permiso previo y por escrito del Autor.

Impreso en México en los talleres de Impresora y Editora Xalco S.A. de C.V., www.grupocorme.com
Teléfono: 52.55.5784.6177

Coquito y Rosita
con su perro Fido

foto

Soy : _____

Estudio en : _____

Me enseña : _____

Vivo en : _____

ÁREA DE DESARROLLO PERSONAL Y SOCIAL : Mi hogar - Nos preparamos para ir al colegio.
Identifica las acciones que realizas antes de ir al colegio.

Nos levantamos temprano.

Nos gusta estar limpios.

Desayunamos con nuestros padres.

Nos despedimos de papá.

Vamos contentos al colegio.

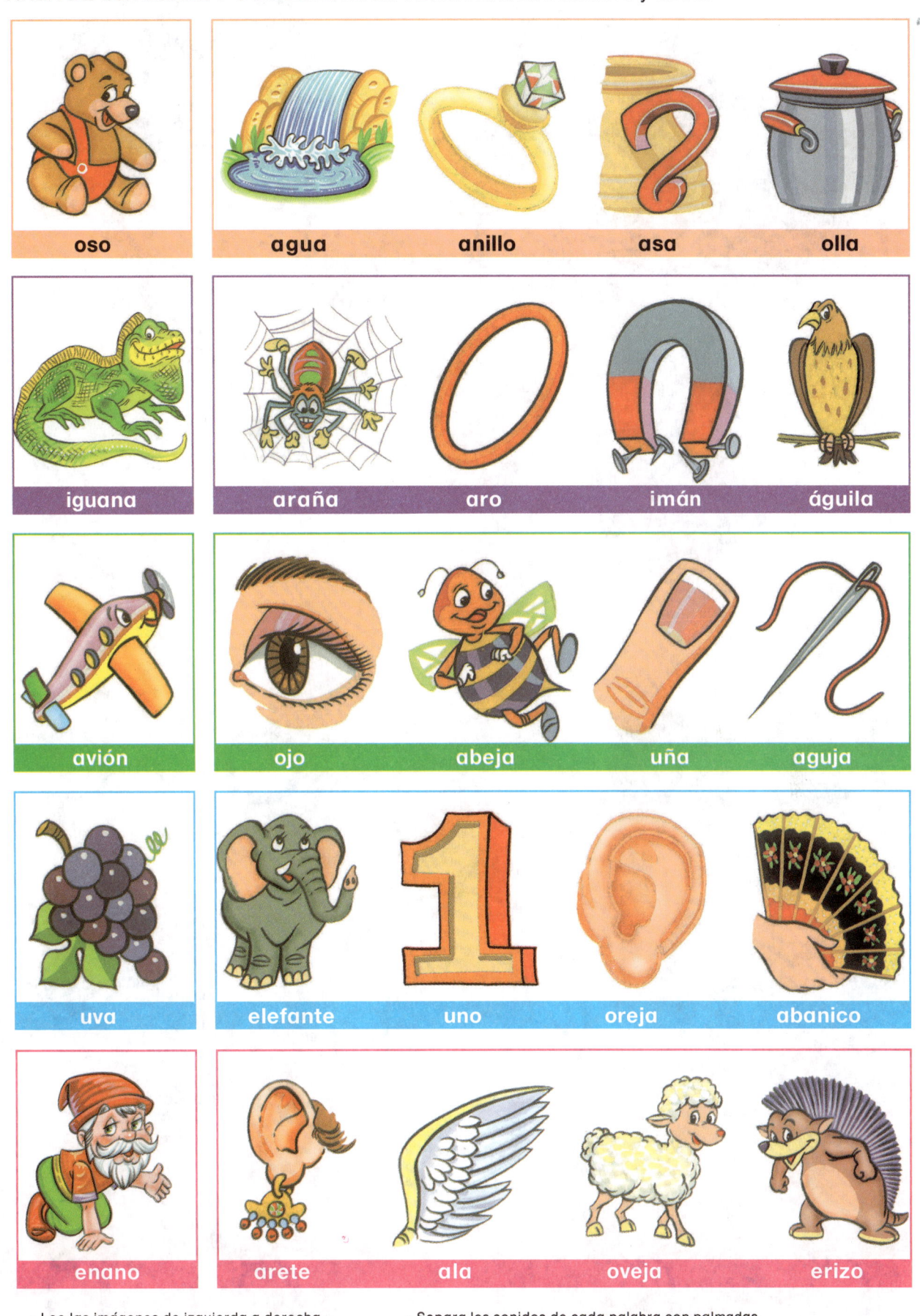

ETAPA DE INICIACIÓN : Vocales.

Mi oso.

oso olla

¡El arco iris tiene 7 colores!

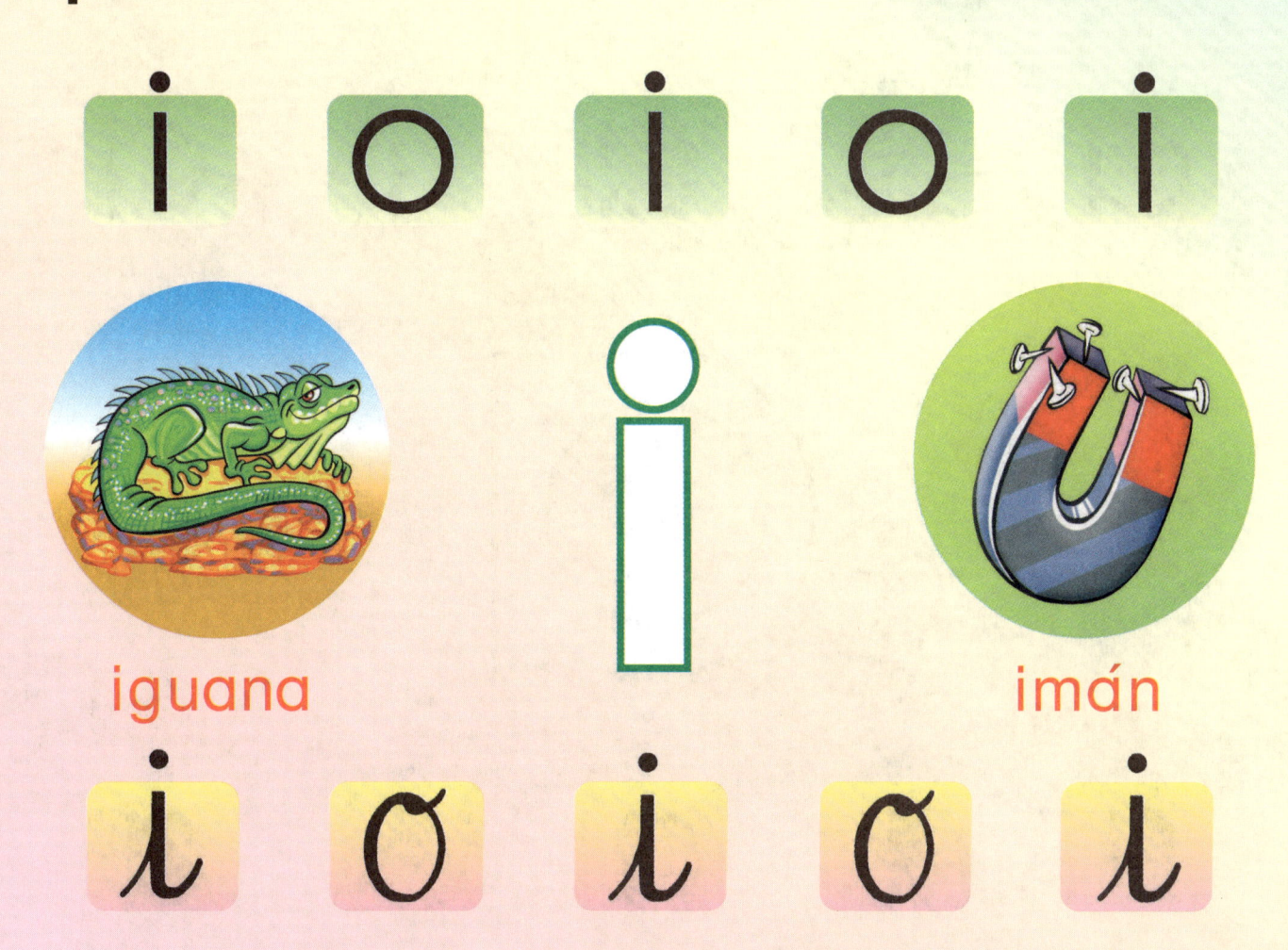

i o i o i

iguana   i   imán

i o i o i

Mi avión vuela.

a i a i a

avión   a   ala

a i a i a

¡Qué rica uva!

u a u a u

uva U uña

u a u a u

¡Hola!, enano.

e u e u e

   e

enano   elefante

ÁREA DE LENGUAJE Y COMUNICACIÓN: Discriminación visual - auditiva.
Colorea el círculo con la vocal inicial que corresponde a cada imagen.

(*) eje - edificio - iglú

ÁREA DE DESARROLLO PERSONAL Y SOCIAL : Mi familia.
Observa las escenas y reconoce la importancia que tiene la familia en la sociedad, coméntalo.

Papá riega el jardín.

Mamá recoge las flores.

El niño y las niñas juegan en el parque.

El abuelito nos lee un cuento.

La abuelita teje una chalina.

ÁREA DE LENGUAJE Y COMUNICACIÓN : Lectura de imágenes.

| mamá | mesa | mono | mano | lima | vaso |

| papá | perro | pala | copa | pera | pato |

| nene | oso | tuna | moto | nena | nido |

| sapo | pino | lata | sala | tina | dado |

| luna | lupa | pila | masa | sopa | mula |

| tapa | nudo | taza | pelota | paloma | maleta |

- Lee las imágenes de izquierda a derecha.
- Reconoce el sonido inicial de cada palabra.
- Separa los sonidos de cada palabra con palmadas.
- Encierra en cada serie la imagen que tenga el mismo sonido inicial.

ETAPA DE PROGRESO : Sílabas directas.

Mi mamá me mima.

Lectura: a) De imágenes. b) De palabras-imagen. c) De conjuntos integrados, evitando el silabeo.

mamá	Ema	mamá
mamá	amo	mamá
mamá	ama	mamá

Memo me ama.

mamá    Mimí    Ema

1. Mi **mamá** me ama.
2. Mamá mima a **Mimí**.
3. **Ema** me mima.

★★★

Mi mamá.
Mamá me ama.
Amo a mi mamá.

ÁREA DE LENGUAJE Y COMUNICACIÓN: Rol de la madre.

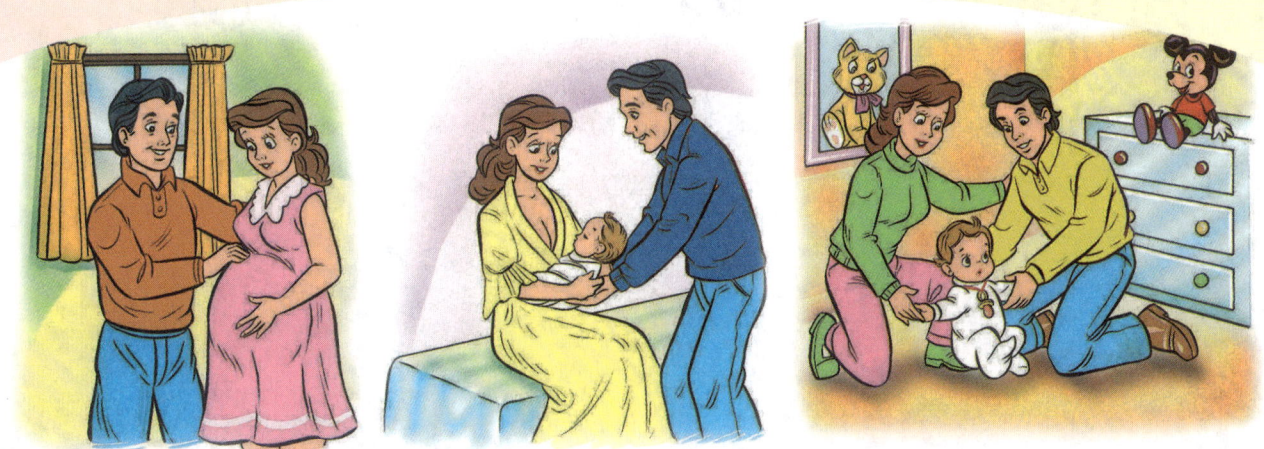

Observa las láminas. Descríbelas y conversa.

15

Papá juega conmigo.

Lectura: a) De imágenes. b) De palabras-imagen. c) De conjuntos integrados, evitando el silabeo.

 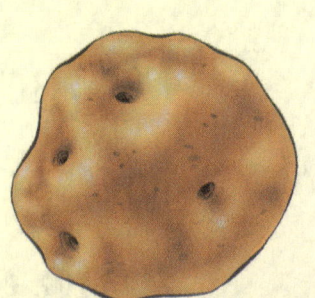 

papá	papa	papá
papá	popa	papá
papá	pipa	papá

Papá upa a Pepe.

Pepe papá Pipo

1. Papá ama a **Pepe**.
2. Mi **papá** me ama.
3. Pepe mima a **Pipo**.

¡Upa! ¡Upa!

Papá me aúpa.

Amo a mi papá.

ÁREA PERSONAL - SOCIAL : El papá trabaja.

Reconoce los diferentes oficios que desempeña el padre.

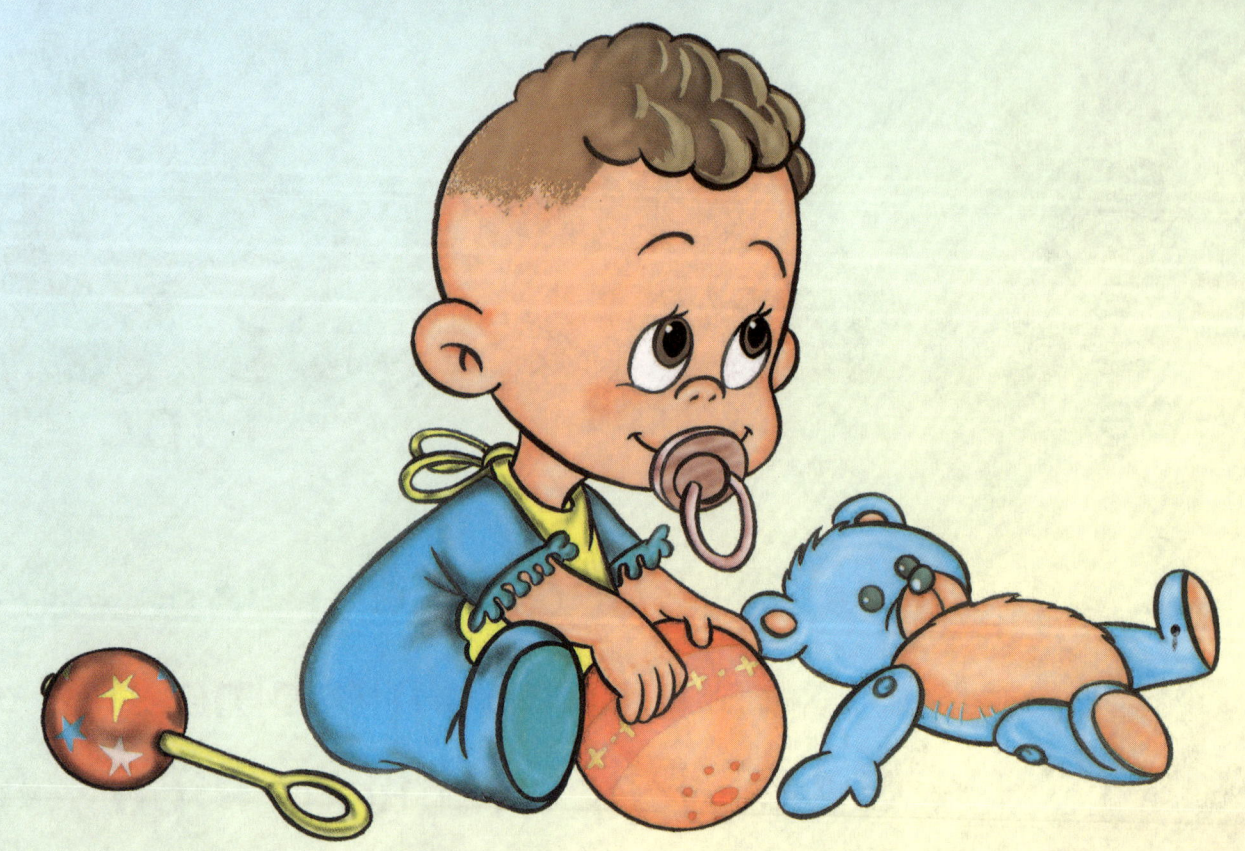

El nene juega.

Lectura: a) De imágenes. b) De palabras-imagen. c) De conjuntos integrados, evitando el silabeo.

 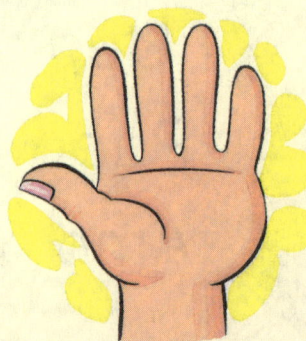 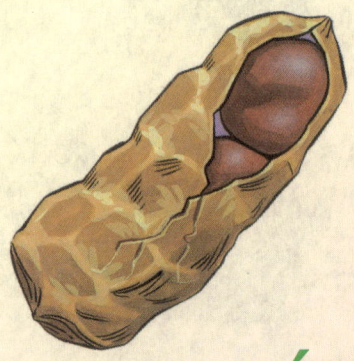

nene	mano	maní
nena	mono	maná
nana	mina	menú

Noé mima a mi mona.

Lectura : a) Por columnas, de arriba abajo. b) De arriba abajo y viceversa. c) En sentido horizontal.

nene   mono   nena

1. Mamá ama a mi **nene**.
2. Pepe mima a mi **mono**.
3. Papá ama a mi **nena**.

Mi nena.
Mi nena me ama.
Amo a mi nena.

ÁREA PERSONAL - SOCIAL : El nene juega.

Conversa sobre los juguetes del nene y nombra el juguete de su preferencia.

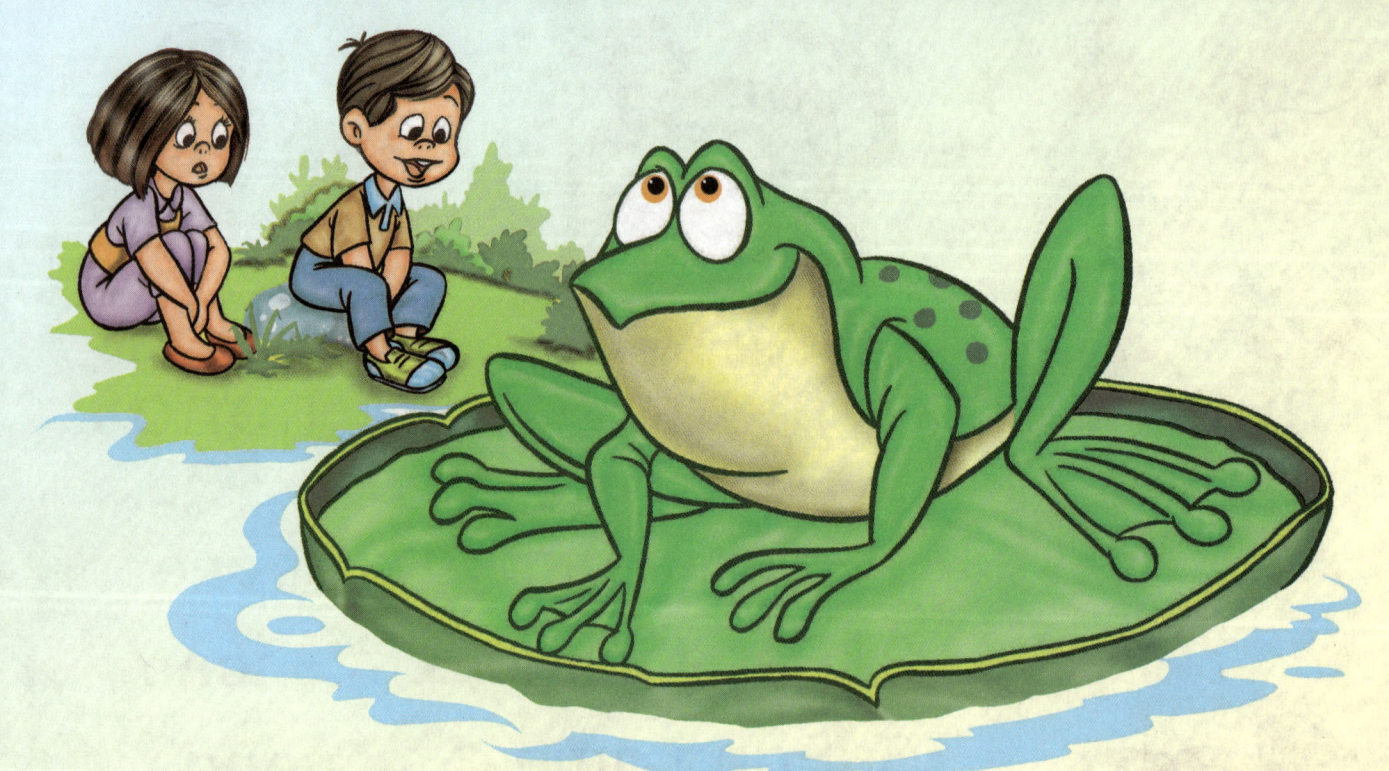

Miremos al sapo.

Lectura: a) De imágenes. b) De palabras-imagen. c) De conjuntos integrados, evitando el silabeo.

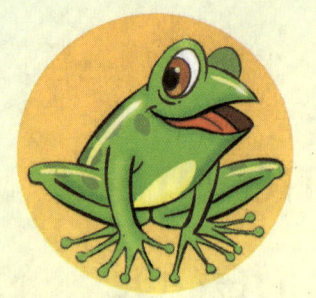

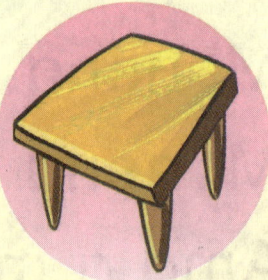

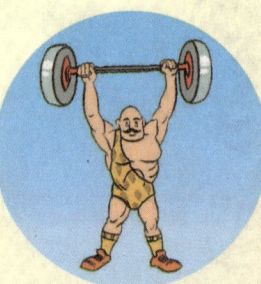

sapo	mesa	pesa	oso
sopa	masa	paso	osa
sapo	misa	piso	asa

Susi asea mi mesa.

sa so si su se

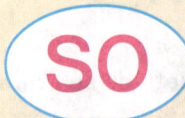

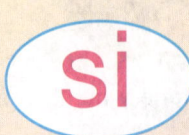

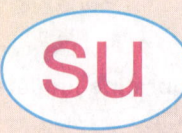

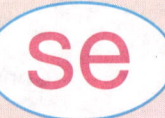

masa  **sopa** **piso**

Encierra, en cada oración, la palabra imagen.

1. Susana pesa su **masa**.
2. Papá me pasó su **sopa**.
3. Pina asea su **piso**.

★★★

Papá pasea
y se pasea
paso a paso.

ÁREA PERSONAL-SOCIAL: Hábitos de higiene.

Observa las viñetas y describe las acciones de los niños. Imítalos.

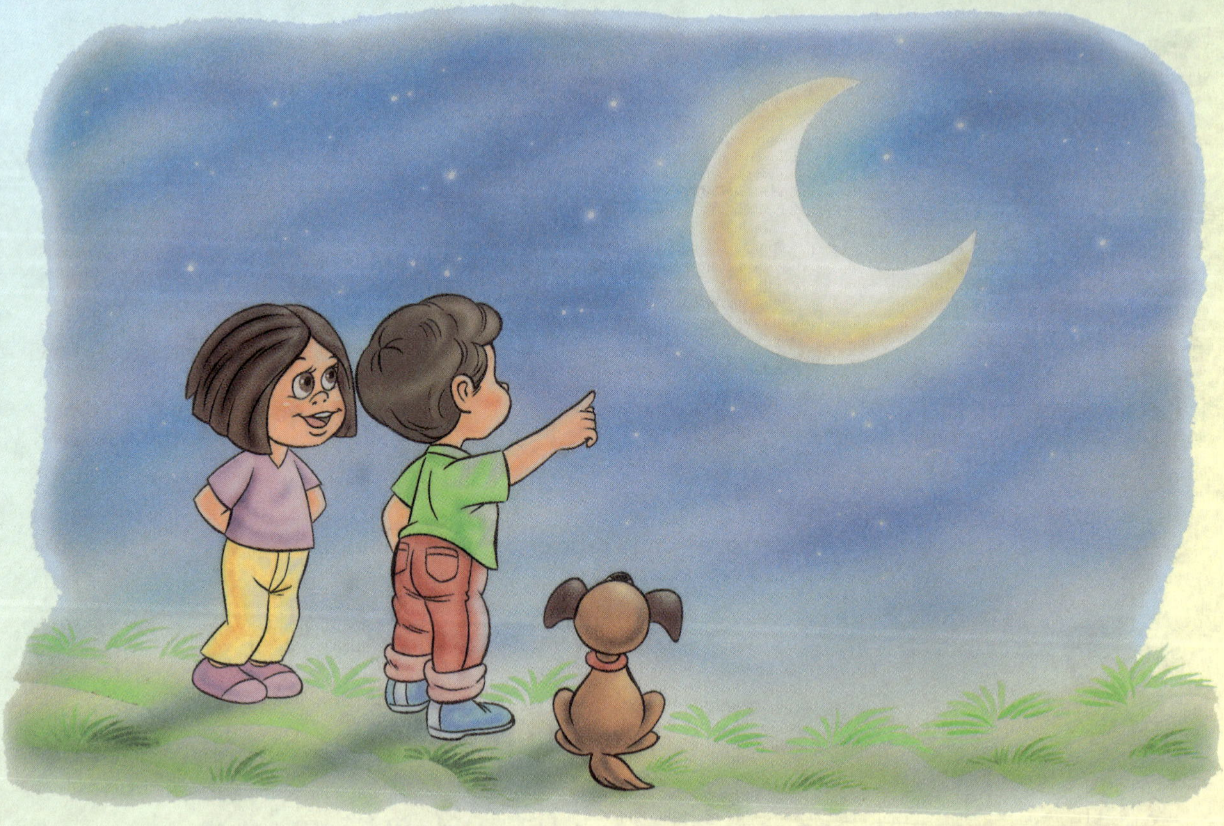

La Luna sale de noche.

Lectura: a) De imágenes. b) De palabras-imagen. c) De conjuntos integrados, evitando el silabeo.

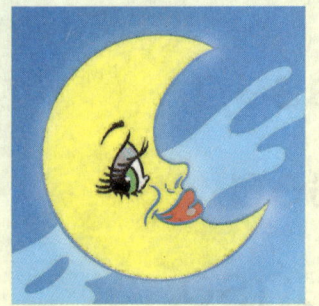

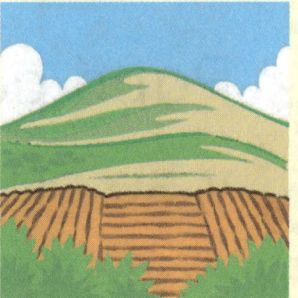

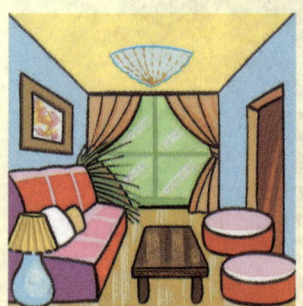

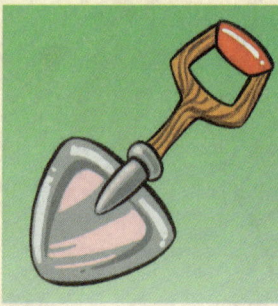

Luna	loma	sala	pala
lona	lomo	solo	pelo
lana	lima	sola	pila

Lino usa la pala.

lu la li lo le

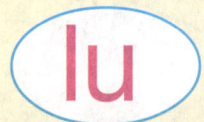

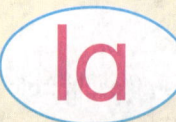

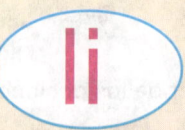

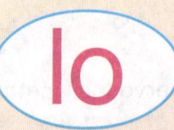

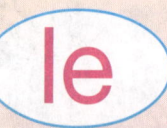

lima   paloma       lupa

Encierra, en cada oración, la palabra imagen.

1. Paola pela una **lima**.
2. La **paloma** pasó la loma.
3. Pamela usa la **lupa**.

Lola sale,
sale a la loma
y pasea su mula.

ÁREA CIENCIA Y AMBIENTE : Viaje a la Luna.

Responde : ¿Quiénes viajan a la Luna? ¿Cómo lo hacen?.

23

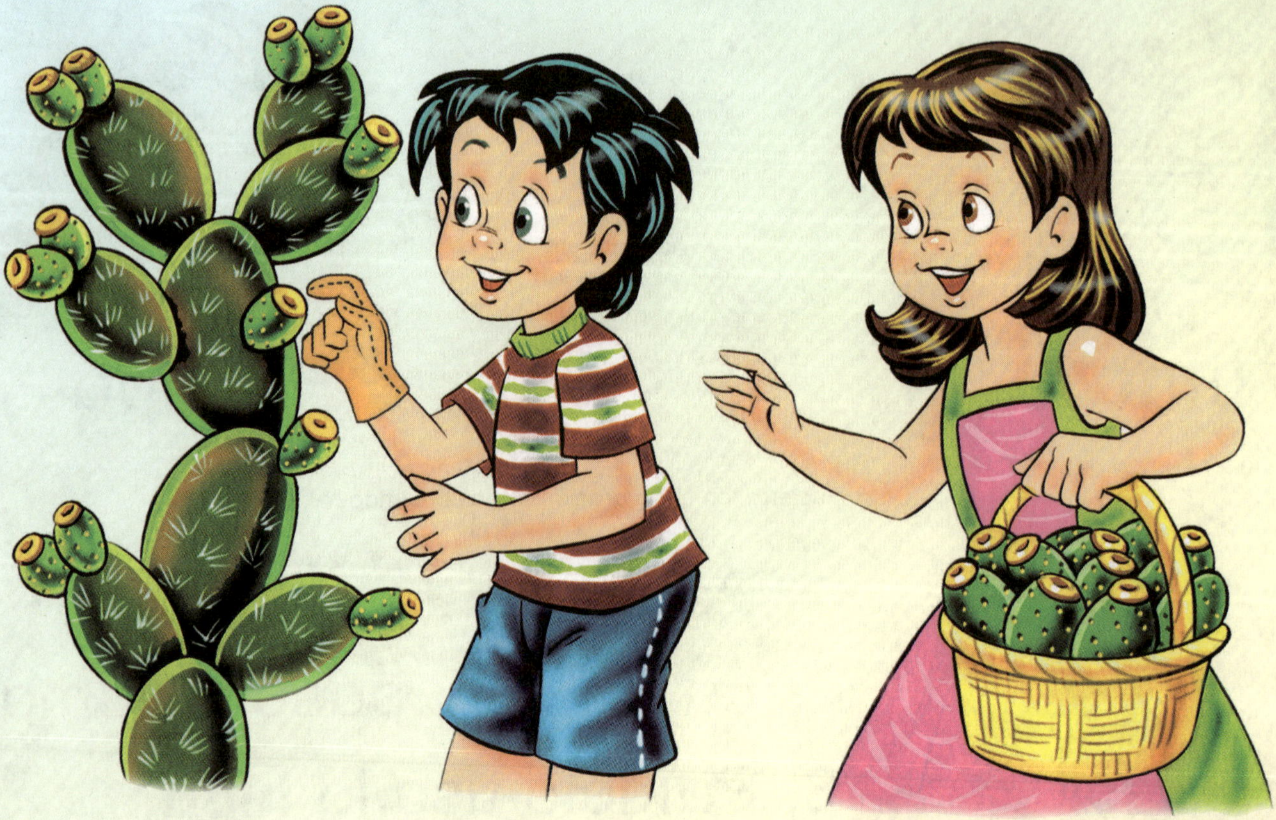

La tuna es una fruta.

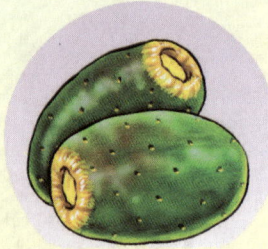

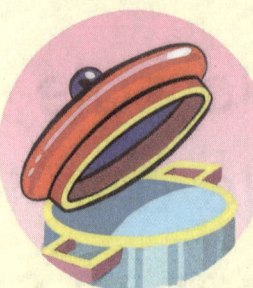

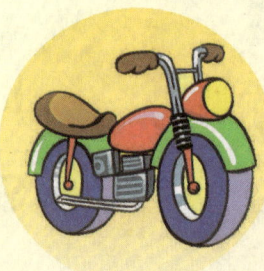

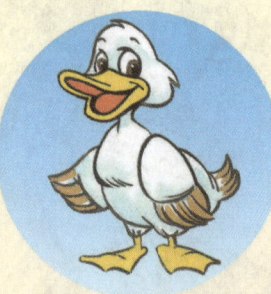

tuna	tapa	moto	pato
tono	topo	mata	pita
tina	tipo	meta	pata

Talía teme a la mula.

tu ti to ta te

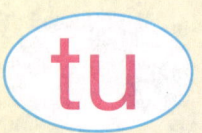

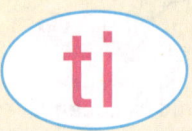

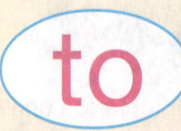

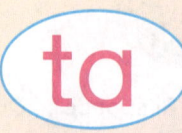

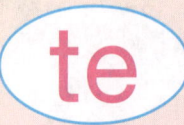

tomate   pata   pelota

1. Mi tía Tomasa pela **tomate**.
2. La **pata** pasea a su patito.
3. Tito patea la **pelota**.

Papá toma mate,
mamá toma tilo
y mi tío toma té.

ÁREA DE PENSAMIENTO MATEMÁTICO : Números del 1 al 5.

• Reconoce y escribe los cinco primeros números.

EVALUACIÓN: Lee y pinta, del mismo color, el óvalo igual a la muestra.

lata — pata — nata — lata

pala — sala — pala — mala

tapa — tapa — papa — mapa

● Apareamiento: Une con una línea el dibujo con la frase correspondiente.

- la luna
- la tuna

- una pena
- una nena

- mi nana
- mi lana

- la mesa
- la pesa

Vegetales y animales — Pinta de verde las palabras que corresponden a vegetales, y de rojo las palabras que correspondan a los animales.

| papa | sapo | mono | lima | mula |

| oso | pino | tuna | pato | tomate |

● Lee y une las frases formando una oración correcta.

1. La paloma pasó — la masa.
2. Susana asea — la loma.
3. Simona amasa — la sopa.
4. Mi nena toma — la sala.

REFORZAMIENTO Apareamiento: Lee y une la palabra con su respectiva ilustración y escríbelas.

piloto
pelota
palote

_____   _____

maleta
muleta
mulato

_____   _____

ÁREA COMUNICACIÓN INTEGRAL: Crucigrama.

• Observa las imágenes y completa los casilleros con las sílabas correspondientes.

REFORZAMIENTO : Ejercicios fonosilábicos. Lectura por columnas de arriba abajo y viceversa.

27

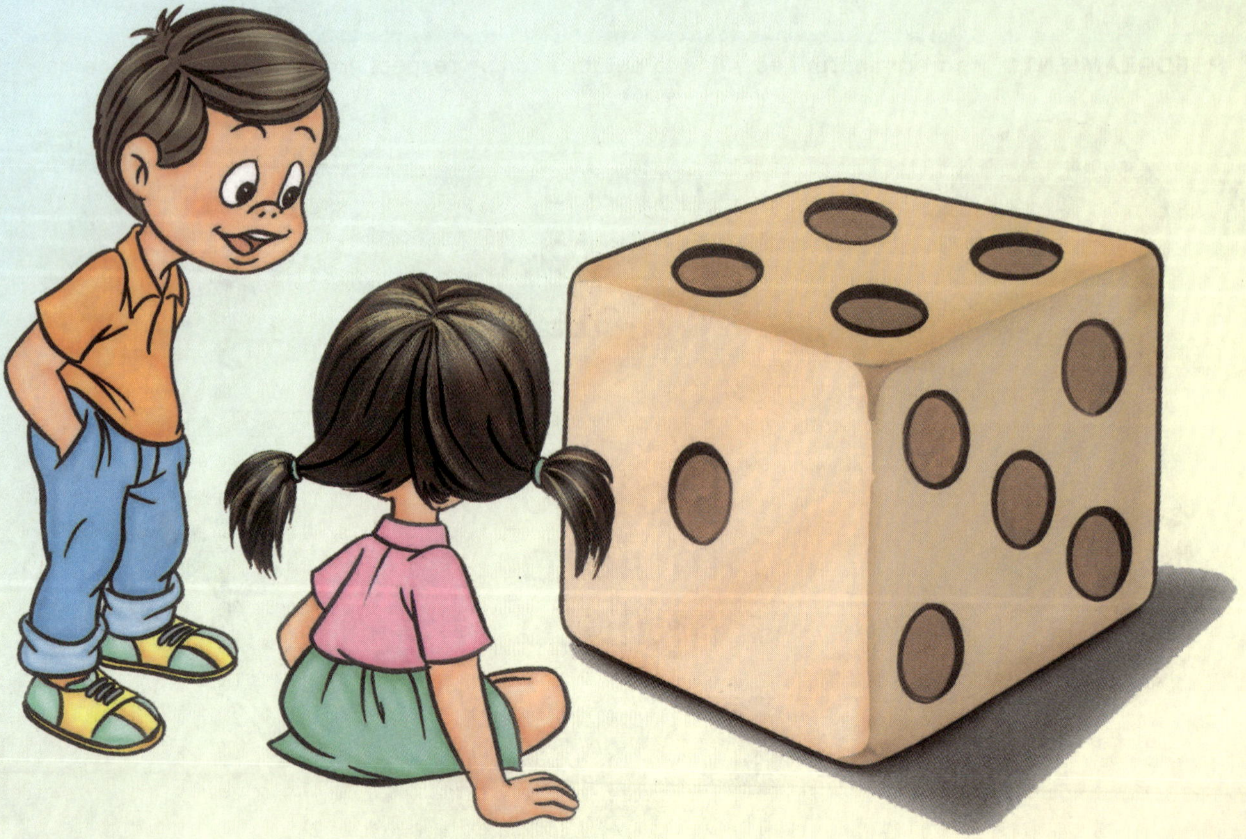

¿Es tu dado?

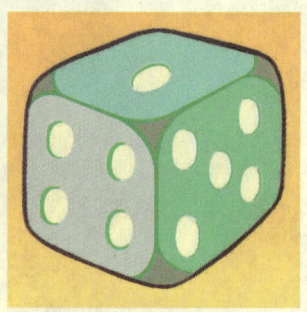

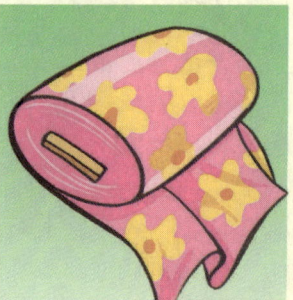

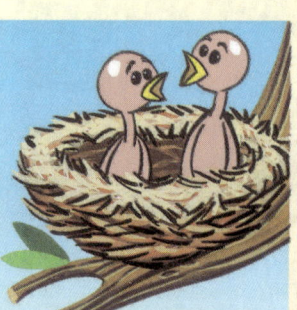

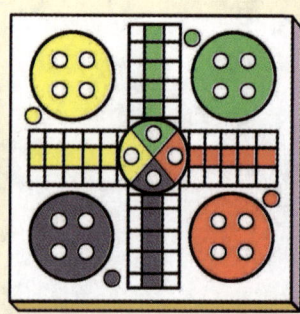

dado	seda	nido	ludo
dedo	soda	nada	lado
duda	sida	nudo	lodo

Dina toma toda la soda.

da de di do du

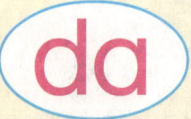

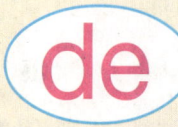

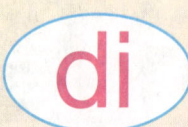

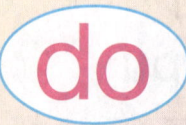

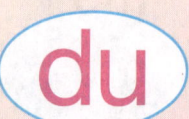

moneda **pomada** **limonada**

1. Papá me da una **moneda**.
2. La **pomada** sanó mi dedo.
3. Dalila toma una **limonada**.

—Dime, Susana,
¿se saluda así?
—Sí, Pepito,
así se saluda.

ÁREA DE LENGUAJE Y COMUNICACIÓN : Mensaje Audiovisual.

Amamos a nuestros pichones

Observa las viñetas y encuentra el mensaje audiovisual.

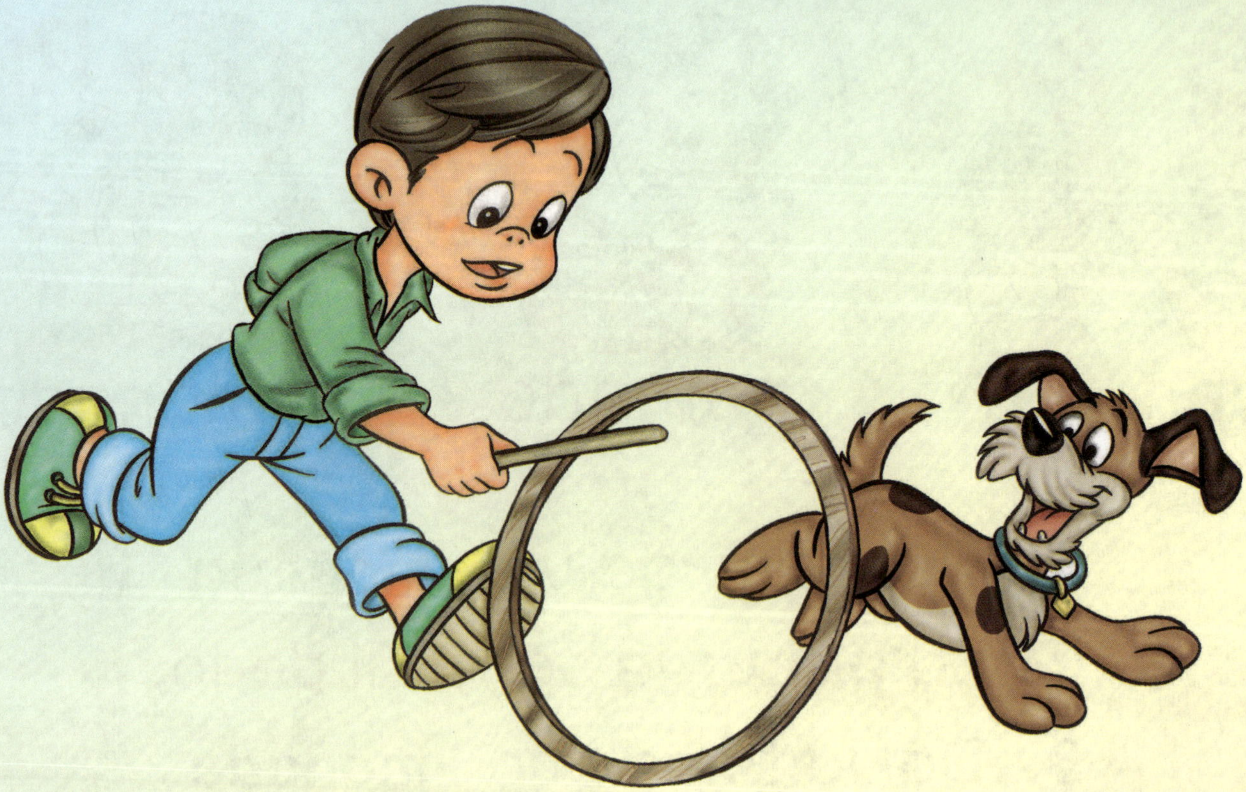

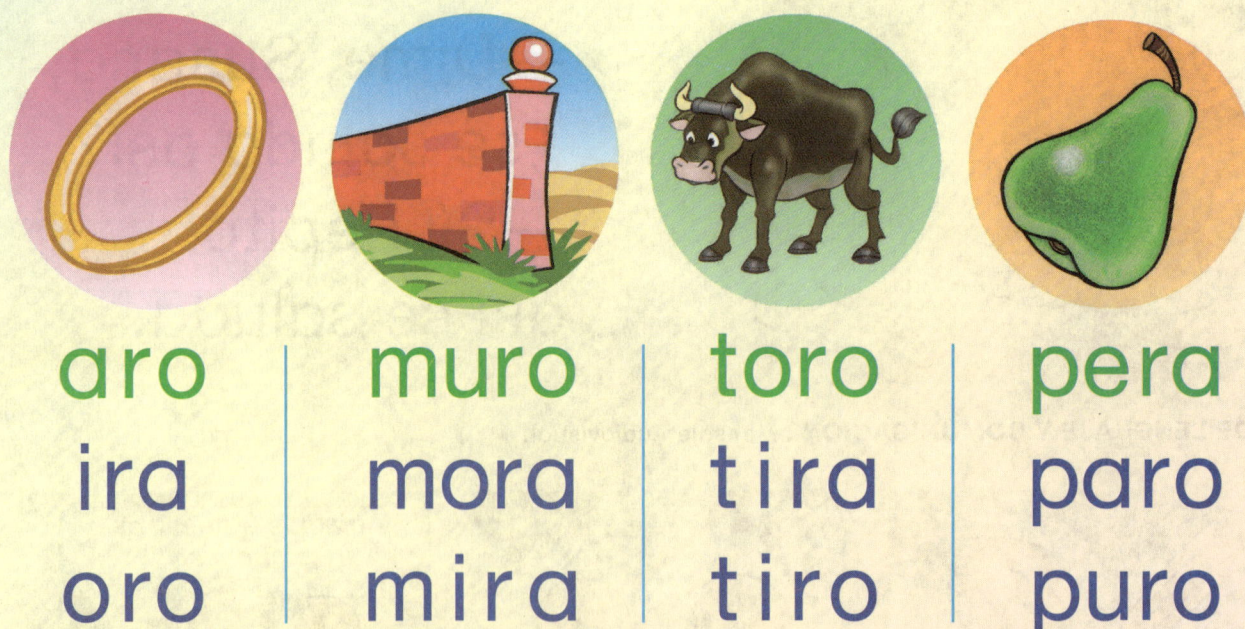

Juego con el aro.

aro	muro	toro	pera
ira	mora	tira	paro
oro	mira	tiro	puro

Nora pide una pera madura.

aro oro era ira

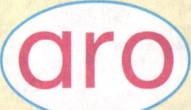

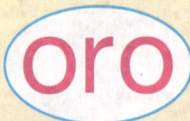

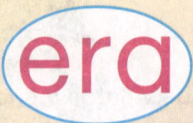

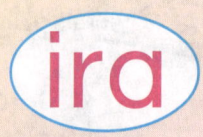

mariposa loro panera

1. Lorena mira una **mariposa**.
2. Mi **loro** saluda a María.
3. Teresa pone la **panera**.

★★★

—Dime, Darío,
¿morirá mi toro?
—No, nenita,
tu toro no morirá.

ÁREA DE PENSAMIENTO MATEMÁTICO: Los números del 1 al 10.

• Reconoce y escribe los números del 1 al 10.

31

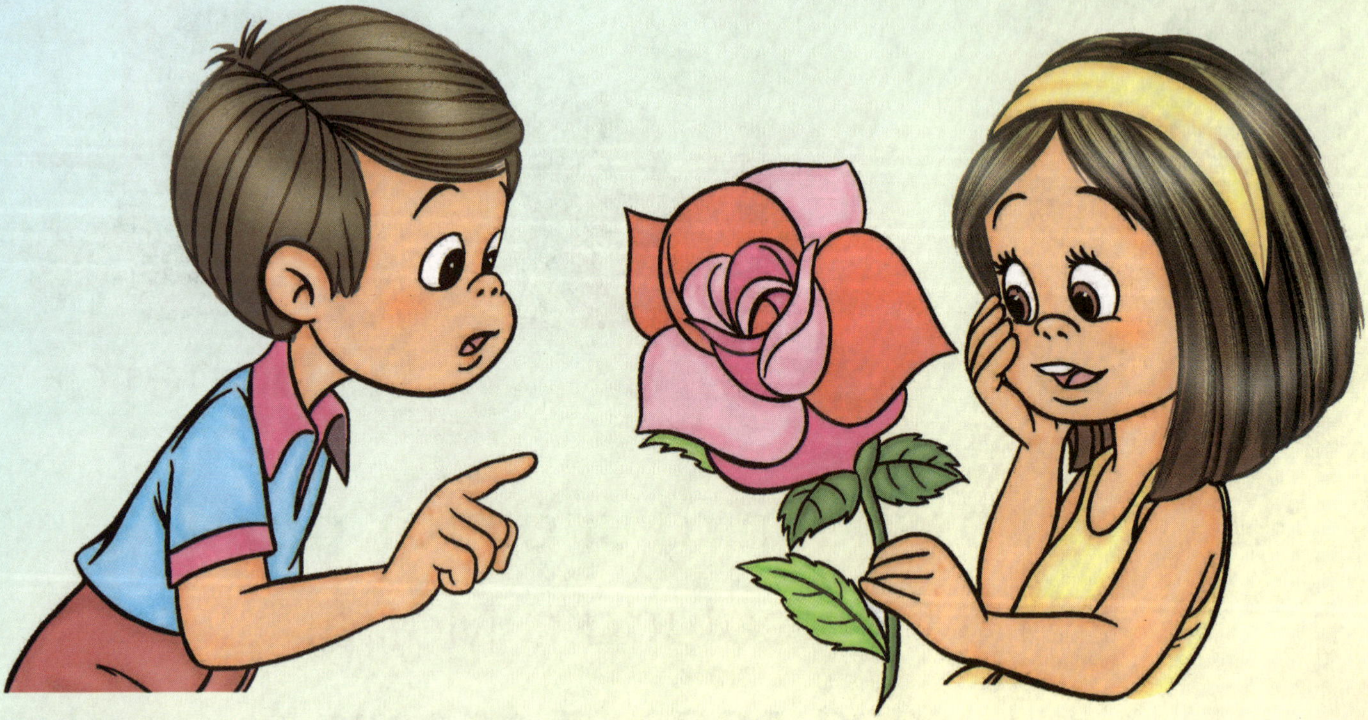

¡Qué bonita rosa!

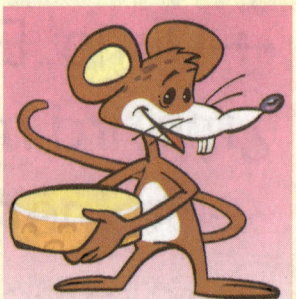

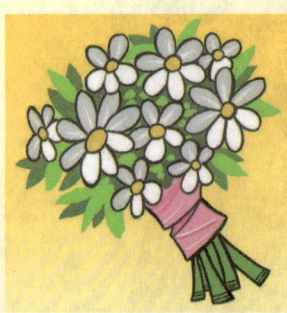

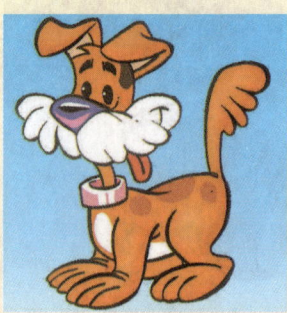

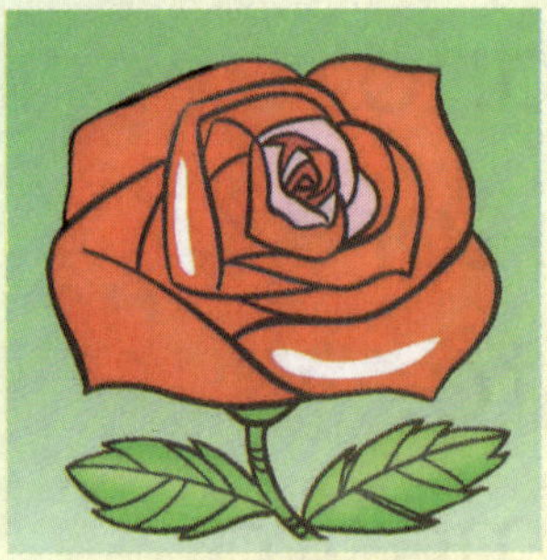

rosa	rata	ramo	perro
ruso	rato	remo	parra
risa	ruta	rama	porra

Renato rema rápido.

ro ra ri re ru

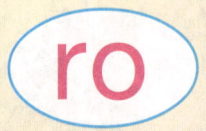

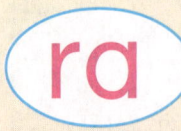

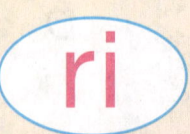

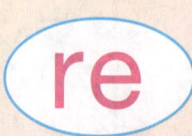

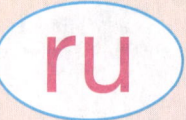

ropa   ropero   torre

1. Rosita usa **ropa** de lana.
2. Ramiro repara mi **ropero**.
3. La nena mira la **torre**.

—¡Arre, mulita!,
¡arre, arre, arre!
Arre a la loma,
¡arre, mulita!

ÁREA DE EXPLORACIÓN Y CONOCIMENTO DEL MUNDO : Las plantas.

Observa y conversa sobre el cuidado de las plantas.

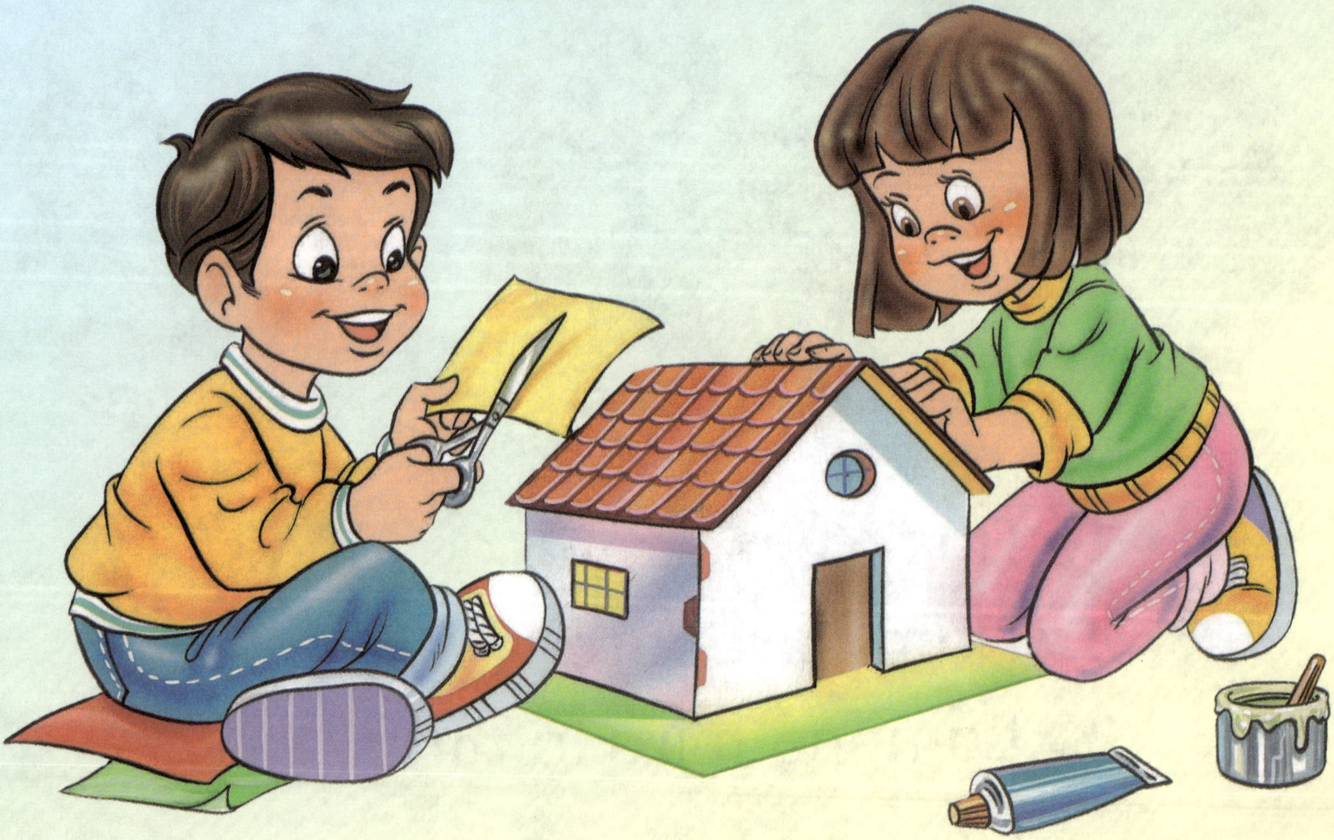

La casa es de cartón.

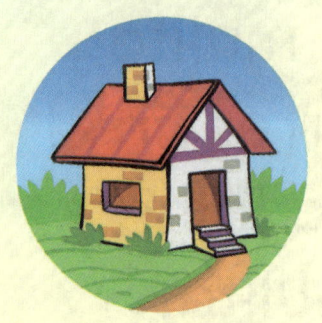

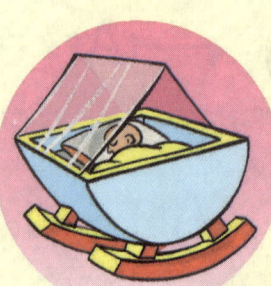

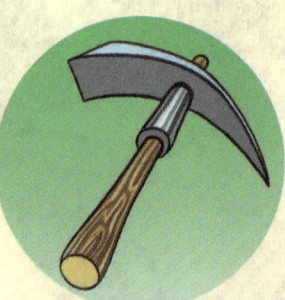

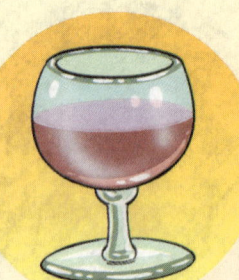

casa	cuna	pico	copa
cosa	cono	poco	capa
caso	cana	peca	cupo

Carolina puso la cadena.

ca co cu

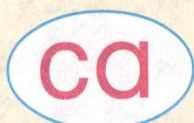

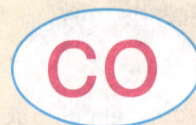

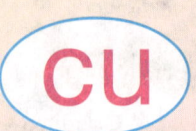

cama Carina camisa

1. Catalina cae de la **cama**.
2. **Carina** come poco coco.
3. Camilo se pone su **camisa**.

★ ★ ★

—¡Carola, Carola,
la casa se cae...!
—¿Se cae...?
—Sí, corre, corre.

ÁREA DE LENGUAJE Y COMUNICACIÓN : Crucigrama.

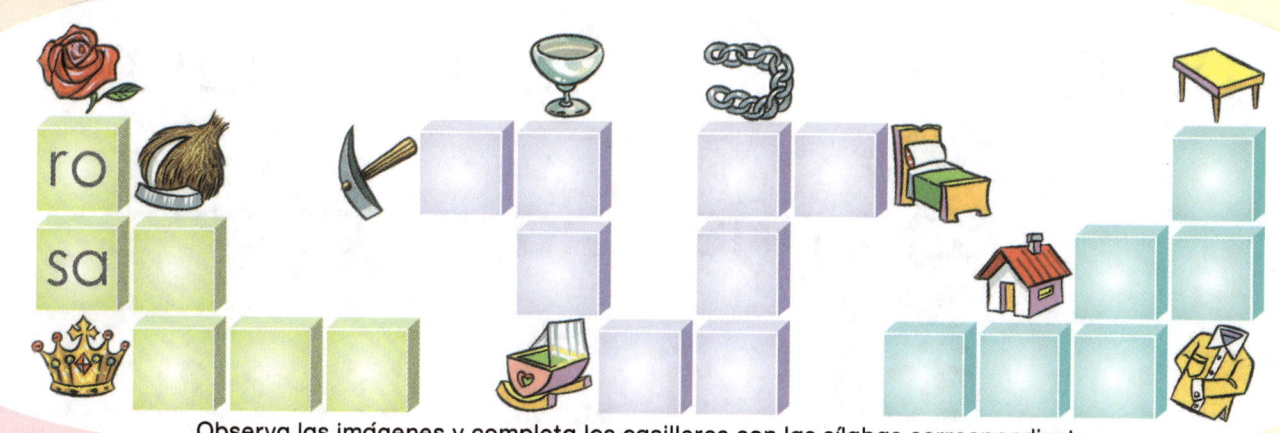

Observa las imágenes y completa los casilleros con las sílabas correspondientes.

35

La niña cocina.

	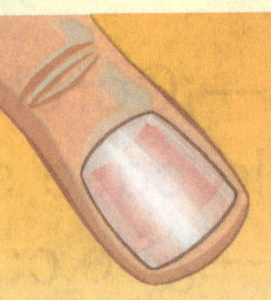		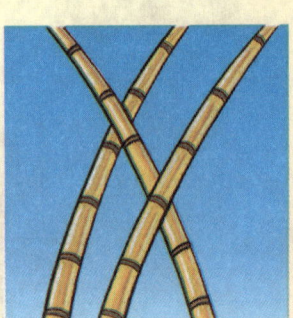
niño	uña	puño	caña
niña	año	peña	caño
niño	eñe	paño	cuña

Toña riñe a la niña.

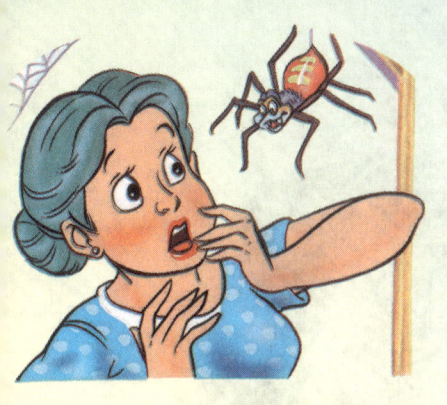

araña  muñeca  leña

1. La señora teme a la **araña**.
2. La niña asea a su **muñeca**.
3. Toño separa la **leña** seca.

⭐⭐⭐

—Toñito, Toñito,
dame la muñeca.
—Sí, te la daré,
pasado mañana.

ÁREA DE LENGUAJE Y COMUNICACIÓN : Producción de textos audiovisuales.

Todos unidos
Tenemos derechos
Somos iguales

Observa la visualización y encuentra el mensaje audiovisual de cada niño(a).

Vamos en el bote.

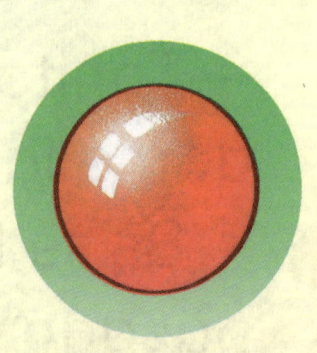

bote	bola	burro	nube
bata	bala	barro	nabo
bota	bolo	berro	nube

Benito bota la basura.

bo ba bi be bu

bebé  · bata  · rebaño

1. Bety baña a su **bebé**.
2. Benita cose una **bata**.
3. Mi **rebaño** sube la loma.

★★★

—Dime, tía,
¿tu bebé se baña?
—Sí, mi niña,
lo baño cada día.

ÁREA DE LENGUAJE Y COMUNICACIÓN : Cuento «El Pastor mentiroso».

Relata el cuento.

La vaca nos da leche.

vaca	vela	vaso	pavo
vara	vale	vena	lava
vida	velo	viña	nave

Verónica come pavo.

va ve vi vo vu

nave	venado	velero

1. Vanesa visitó la **nave**.
2. Mi **venado** come avena.
3. Tu **velero** va a toda vela.

⭐⭐⭐

De mi viña
saco la uva;
y de la uva,
sale vino.

REFORZAMIENTO : Ejercicios fonosilábicos. Lectura por columnas de arriba abajo y viceversa.

dado	**rosa**	**casa**	**niña**	**bote**	**vaca**
da	ro	ca	ña	bo	va
de	ra	co	ño	ba	ve
di	ri	cu	ñi	bi	vi
do	re	ca	ñu	be	vo
du	ru	co	ñe	bu	vu

EVALUACIÓN: Lee y pinta, del mismo color, el óvalo igual a la muestra.

caño	baño	paño	caño
pavo	nabo	pavo	cabo
loro	loro	toro	moro

● Apareamiento: Une con una línea el dibujo con la frase correspondiente.

- una rosa
- una cosa

- mi bote
- mi lote

- la vela
- la tela

- la ropa
- la copa

- La niña asea su casa.
- La nena bota la basura.
- Verónica lava la ropa.
- Eva se lava la boca.

● Lee y une las frases formando una oración correcta.

1. Mi tía Sabina lee — su muñeca.
2. La cometa sube — rico vino.
3. De la uva se saca — una novela.
4. Lorena baña a — a la nube.

ÁREA DE LENGUAJE Y COMUNICACIÓN : Cuento «Los Tres Cerditos».

Actividad sugerida : 1. Describe e interpreta las escenas.   2. ¿Qué otro nombre podrías dar al cuento?

El gato es juguetón.

gato	gorra	soga	viga
gota	garra	vago	lago
gasa	goma	miga	liga

Galo gana poco dinero.

ga go gu

gorra   laguna   bigote

1. Godo se puso mi **gorra**.
2. Gabina va a la **laguna**.
3. Tu amigo usa **bigote**.

⭐⭐⭐

La gata golosa
come golosina;
se soba la barriga
y asea su bigote.

ÁREA DE LENGUAJE Y COMUNICACIÓN : Crucigrama.

Observa las imágenes y completa los casilleros con las sílabas correspondientes.

El **yoyó** sube y baja.

yoyó	yeso	raya	boya
yema	yodo	rayo	bayo
yute	yuca	soya	mayo

Yamela navega su yate.

yo yu ye ya y

yema desayuno yate

1. Yolita bate la **yema**.
2. Yolima toma su **desayuno**.
3. Mi tocayo sube a su **yate**.

--- ★★★ ---

Yo ayudo a mamá
cada mañana,
y seré su apoyo
toda la vida.

ÁREA DE PENSAMIENTO MATEMÁTICO: Los números del 11 al 20.

| 11 | 12 | 13 | 14 | 15 |
| 16 | 17 | 18 | 19 | 20 |

● Reconoce y escribe los números del 11 al 20.

| 11 | 12 | | 14 | 15 | 16 | | 18 | 19 | 20 |

¡Cuidado con el humo!

humo	hilo	higo	hora
hurra	hipo	haya	haba
heno	hule	hoyo	hada

Hipólito sabe la hora.

(hu) (hi) (ho) (ha) (he)

harina   cohete   helado

1. Homero amasa la **harina**.
2. Ese **cohete** va a la Luna.
3. Hugo saborea **helado** de higo.

★★★

—¡Hola!, amiga mía.
Dime la hora.
—¡Cómo no! Pero...
mira ahí, arriba.

ÁREA DE LENGUAJE Y COMUNICACIÓN : Discriminación visual.

Observa esta lámina con sus detalles. Encuentra cinco diferencias.

Tómame una foto.

 foto	 faro	 foca	 café
fino	fama	foco	sofá
fila	fosa	forro	café

Felipe toma una bonita foto.

fo   fa   fe   fu   fi

sofá    teléfono    farola

1. Federico cayó de mi **sofá**.
2. Fátima usa mi **teléfono**.
3. La **farola** ilumina la torre.

⭐⭐⭐

Mi tío fuma,
pero se fatiga;
papá no fuma
y no se fatiga.

ÁREA DE LENGUAJE Y COMUNICACIÓN : Producción de textos.

Dramatiza un diálogo telefónico invitando al cumpleaños de Coquito.

Dame jugo de la jarra.

jarra	hoja	teja	jefe
jarro	hijo	tajo	jebe
jugo	hija	lija	jota

Jovita usa faja de lana.

ja   ju   jo   ji   je

abeja　　　　　jirafa　　　　　oveja

1. Una **abeja** me picó la oreja.
2. Jimena dibuja una **jirafa**.
3. José sacó lana de su **oveja**.

★★★

Arriba vive,
arriba mora,
teje y teje
la tejedora.

ÁREA DE PENSAMIENTO MATEMÁTICO: Los números del 21 al 30.

| 21 | 22 | 23 | 24 | 25 |
| 26 | 27 | 28 | 29 | 30 |

• Reconoce y escribe los números del 21 al 30.

| 21 | 22 | 23 | | 25 | | 27 | 28 | 29 | 30 |

53

La gitano baila.

gitano	gemela	página
gitana	gemido	mágica
gitano	gemelo	género

Genoveva dirige la caravana.

gi   ge   gi   ge

gema   gelatina   gemelo

1. La **gitana** me regaló una **gema**.
2. Regina come **gelatina** helada.
3. Genaro vigila a su **gemelo**.

Gitanita, gitanita,
baja de la torre,
te daré la baraja
y la bola mágica.

ÁREA DE LENGUAJE Y COMUNICACIÓN: Creación de textos.

Observa el dibujo y crea oralmente un texto.

55

¡Mira ese zorro!

zorro	taza	buzo	lazo
zona	tiza	mazo	loza
zeta	pozo	mozo	caza

Zulema sube a la azotea.

zo zu za zi ze

taza   zapatero   pozo

1. Zarela toma una **taza** de té.
2. Tu **zapatero** tiñe mi zapato.
3. Una zorrita cayó a mi **pozo**.

★★★

La niña Zulema
va a mi casa,
toma la tiza
y dibuja una azada.

ÁREA DE PENSAMIENTO MATEMÁTICO: Los números del 31 al 40.

| 31 | 32 | 33 | 34 | 35 |
| 36 | 37 | 38 | 39 | 40 |

• Reconoce y escribe los números del 31 al 40.

| 31 | 32 | 33 | 34 | | 36 | | 38 | 39 | 40 |

57

¡Vamos al cine!

cerro
cima
cita

maceta
receta
docena

cera
cero
cine

bocina
vecino
tocino

Cirilo toca la bocina.

ci   ce   ci   ce

cocina   cereza   hélice

1. Azucena asea su **cocina**.
2. Ciro hace jugo de **cereza**.
3. La **hélice** gira rápido.

⭐⭐⭐

—¡Celina! ¡Celina!
¿Tomo jugo de cereza?
—No, Lucerito,
toma una taza de té.

REFORZAMIENTO: Ejercicios fonosilábicos. Lectura por columnas de arriba abajo y viceversa.

gato	**yoyó**	**humo**	**foto**	**jarra**	**zorro**
ga	yo	hu	fo	ja	zo
go	yu	hi	fa	ju	zu
gu	ye	ho	fe	jo	za
gue	ya	ha	fu	ge	ce
gui	y	he	fi	gi	ci

La **llama** me mira.

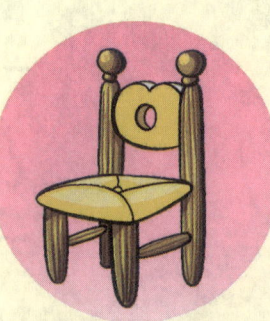

llama	gallo	silla	pollo
llave	bulla	sello	calle
llaga	valle	rollo	callo

Llanira sale a la calle.

lla   llo   llu   lle   lli

botella    llave    gallina

1. La **botella** cayó de la silla.
2. La vecina se llevó la **llave**.
3. Mi **gallina** picotea cebolla.

No llore, mi niño,
la Luna llegó,
mamita te arrulla:
arrorró, arrorró.

ÁREA DE LENGUAJE Y COMUNICACIÓN : Fábula «La Gallinita trabajadora».

Relata la fábula y comenta sobre la importancia de la colaboración.

¡Llegamos a la choza!

chivo	ficha	leche	hacha
chico	fecha	lucha	noche
chino	facha	lecho	techo

Charito no sale de noche.

(cho) (chi) (chu) (che) (cha)

techo   **cuchillo**   **lechuza**

1. La muchacha sube a mi **techo**.
2. La cocinera afila su **cuchillo**.
3. La **lechuza** chilla de noche.

★★★

Palo palito,
palo palote;
pura canela
y chocolate.

De chocolate
y pura canela;
palo palito,
palo palote.

ÁREA DE LENGUAJE Y COMUNICACIÓN: Cuento «El Leñador honrado».

Relata el cuento y opina sobre la honradez.

¡Qué rico queso!

queso | paquete | buque
queja | pequeño | toque
quena | chiquilla | dique

Quico se quita la chaqueta.

que qui ca co cu

máquina　　　　quena　　　　raqueta

1. La **máquina** se quedó aquí.
2. Quique toca la **quena**.
3. Paquito se llevó la **raqueta**.

¡Coquito, Coquito,
la casa se quema!
¿Se quema?
Sí, corre, corre.

ÁREA DE LENGUAJE Y COMUNICACIÓN : Las máquinas. Su utilidad práctica.

Comenta sobre la importancia de las máquinas para el hombre.
Enumera las que conoces. Visita una fábrica.

Coquito toca la guitarra.

guitarra   guiso   higuera
guijarro   guerra   hoguera
guiñada   guiño   juguete

Guisela toca la guitarra.

gui gue ga go gu

hoguera  águila  juguete

1. Papá apaga la **hoguera**.
2. Una **águila** se llevó a mi conejo.
3. Guido regala su **juguete**.

★★★

Mi amiguita Gaby
se puso la gorra,
sacó una guitarra
y tocó una tonada.

REFORZAMIENTO: Ejercicios fonosilábicos. Lectura por columnas de arriba abajo y viceversa.

gitana	cine	llama	choza	queso	guerra
gi	ci	lla	cho	que	gue
ge	ce	lle	che	qui	gui
ja	za	lli	chu	ca	ga
jo	zo	llo	chi	co	go
ju	zu	llu	cha	cu	gu

EVALUACIÓN: Lee y pinta, del mismo color, el óvalo igual a la muestra.

(pollo)   (rollo)   (bollo)   (pollo)

(coche)   (noche)   (coche)   (boche)

(techo)   (techo)   (lecho)   (pecho)

Une con una línea el dibujo con la frase correspodiente.

una foca
una roca

la zorra
la gorra

una jarra
una garra

mi gallo
mi tallo

Generos masculino y femenino: Pinta de celeste las palabras de género masculino y de rosado, las del femenino.

| zorro | oveja | burro | pavo | llama |
| vaca | perro | rata | araña | chivo |

ÁREA DE PENSAMIENTO MATEMÁTICO: Los números del 41 al 50.

| 41 | 42 | 43 | 44 | 45 |
| 46 | 47 | 48 | 49 | 50 |

● Reconoce y escribe los números del 41 al 50.

| 41 | | 43 | 44 | 45 | 46 | 47 | | 49 | 50 |

ÁREA PERSONAL - SOCIAL : Cuidados de la salud.
Observa cada escena y reconoce la importancia de cuidar la salud. Dramatiza cada escena.

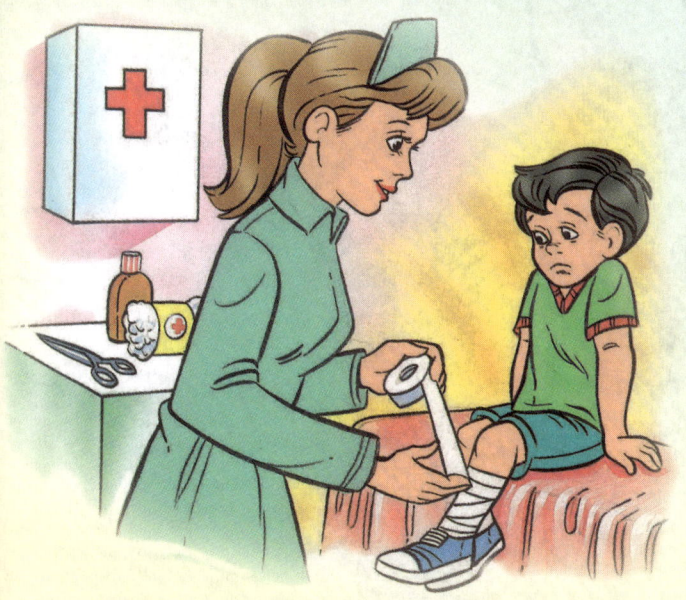

¿Cuándo voy al Centro de salud?

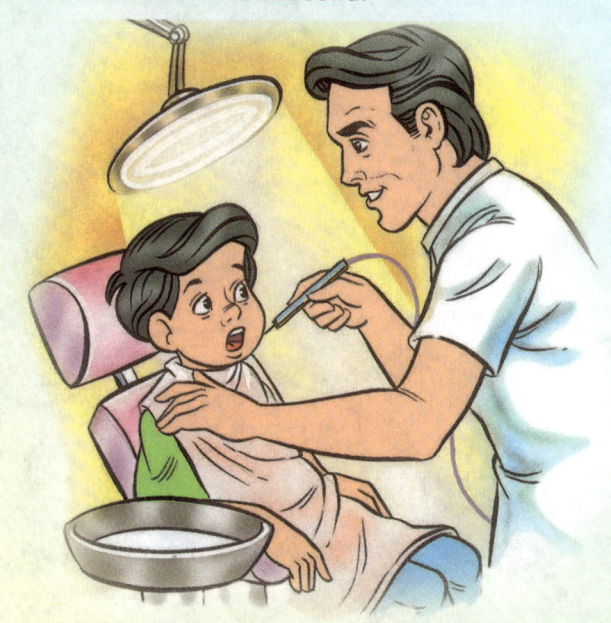

Me duele una muela.

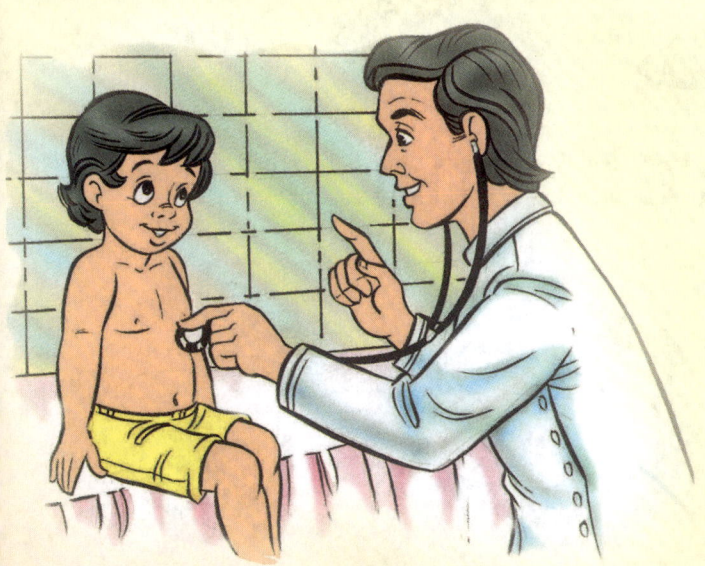

¿Por qué voy al médico?

¿Cuándo me vacunan?

ÁREA COMUNICACIÓN INTEGRAL : Crucigrama.

Observa las imágenes y completa los casilleros con las sílabas correspondientes.

69

ETAPA DE PROGRESO : Sílabas inversas y mixtas.

El asno rebuzna.

asno	poste	cisne	mosca
isla	pasto	cesta	muslo
asco	pista	susto	musgo

Estela se lastimó la nariz.

as   es   is   os   us

casco **escalera** **aspiradora**

1. Gustavo se puso mi **casco**.
2. La **escalera** es de madera.
3. Estefanía usa la **aspiradora**.

★★★

Pepe Pérez
pesca peces
para Paco
Paz Jiménez.

Para Paco
Paz Jiménez
pesca peces
Pepe Pérez.

REFORZAMIENTO: Ejercicios fonosilábicos. Lectura por columnas de arriba abajo y viceversa.

poste	**mosca**	**susto**	**lista**	**disco**	**busto**
pos	mos	sus	lis	dis	bus
pes	mus	sas	les	des	bos
pis	mas	ses	los	dos	bis
pas	mes	sis	lus	dus	bes
pus	mis	sos	las	das	bas

Rosita toca el arpa.

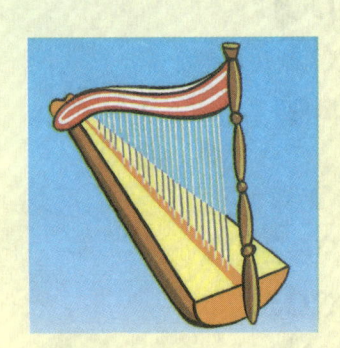

arpa	termo	cerdo	carta
urna	torno	sordo	corte
arco	turno	zurdo	curva

Arturo firma la carta.

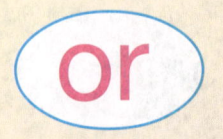

ar   ur   or   ir   er

martillo    **gordo**    **tortuga**

1. Óscar me regaló su **martillo**.
2. Carlos es **gordo** como su papá.
3. Mi **tortuga** come yerba verde.

★★★

Una riña

—Papá, mamá,
 Carlitos me pegó.
—¿Por qué?
—Por nada.

Por una torta,
por un tomate,
por una taza
de chocolate.

VALORES : Compartir.

Observa y conversa sobre la acción de la niña. Demuestra que sabe compartir.

El albañil construye mi casa.

albañil	pulpo	balde	tonel
alfalfa	polvo	balsa	canal
alfiler	palma	bolso	panal

Olguita olvidó su bolso.

al   ol   il   ul   el

dedal   Sol   caracol

1. Elvira se colocó el **dedal**.
2. El **Sol** nos da luz y calor.
3. El **caracol** huye del sol.

⭐⭐⭐

Niña bonita

Al pasar la barca
me dijo el barquero:
—La niña bonita
no paga dinero.

Y al volver la barca
me dijo al oído:
—Esta morenita
me ha gustado a mi.

ÁREA DE DESARROLLO PERSONAL Y SOCIAL: Los oficios.

Identifica y valora a los diferentes miembros de la comunidad y sus oficios.

La antena es del televisor.

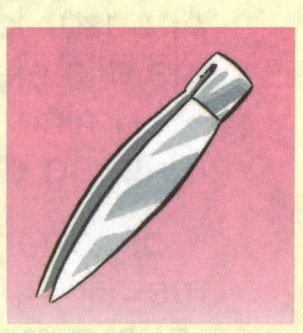

antena	pinza	botón	tumba
envase	panza	betún	himno
invento	punto	botín	campo

Anselmo sube a la montaña.

an   in   on   en   un

campana ventana embudo

1. La **campana** repica al amanecer.
2. Enrique saltó por la **ventana**.
3. El líquido pasó por el **embudo**.

La barca

Tú tocas el tambor:
 pom, pom;
él la guitarra:
 ron, ron.
Yo la pandereta:
 chin, chin;
y aquél, la campanita:
 tilín, tilín.

ÁREA DE LENGUAJE Y COMUNICACIÓN: Fábula El León y el Ratón.

Relata la fábula y coméntala. Acepta las particularidades de tus compañeros.

El koala vive en el bosque.

koala	kantuta	kilo
kurdo	kermés	kaki
kínder	kilate	kiwi

Kike pide dos kilos de kiwi.

ko   ki   ka   ke   ku

kermés   kimono   kepis

1. Katy organizó la **kermés** del año.
2. Karina usa **kimono** de seda.
3. Kico se puso mi **kepis** verde.

Karina Chuzena

—Karina Chuzena
su choza techaba;
un techador que
por allí pasaba, dijo:

—Karina Chuzena,
¿techas tu choza
o techas la ajena?

—Ni techo mi choza
ni techo la ajena;
techo la choza
de Karina Chuzena.

Anónimo.

REFORZAMIENTO : Lee y pinta de rosado los nombres de mujeres y de celeste los de varones.

Wílber	Carmen	Elvira	Wally
Walda	Isabel	Marcela	Willy
Wilson	Wendy	Wanda	Wálter

Escribe la palabra correspondiente a cada dibujo.

embudo

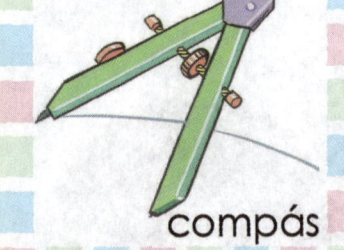

alumno

bombón

compás

Wilson

Walda

Las campanitas

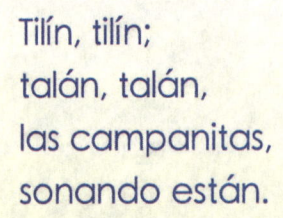

Tilín, tilín;
talán, talán,
las campanitas,
sonando están.

Talán, talán;
tilín, tilín.
Tocan y tocan
por San Valentín.

Tocan y tocan,
sin descansar,
y no se agotan,
parán, pam, pam.

tambor

pimpón

tumba

álbum

Wanda

Willy

80

Adivina adivinador...

Sube sin escalera,
se corta sin tijera;
y hasta hace correr
a la cocinera.

Cinco patos caminaban,
todos al mismo compás
y los cinco marchaban
con una pata no más.

Solidaridad

Si yo te ayudo
y tú me ayudas,
ya somos dos:
podemos más.

Si yo te enseño
y tú me enseñas,
ya somos dos:
sabemos más.

Si te respeto
y me respetas,
ya somos dos
que aman la paz.

Juana Vásquez Vara.

¡Qué buen actor es Coquito!

actor	doctor	texto	taxi
actor	lector	mixto	sexo
actor	sector	sexto	nexo

Víctor es un excelente lector.

ac   ec   ic   oc   uc

cacto **insecto** **reloj**

1. El **cacto** lleva muchas espinas.
2. El mosquito es un **insecto**.
3. El doctor usa **reloj** de pulsera.

Tictac

Tictac, tictac,
tictac,
un ratoncito se sube,
sube que sube al reloj.

Tictac, tictac,
dan las dos
y el ratoncito, del susto,
al piso, paf, se cayó.

REFORZAMIENTO: Ejercicios fonosilábicos. Lectura por columnas de arriba abajo y viceversa.

pasto	barco	talco	santo	himno	lector
pas	bar	tal	san	him	lec
pes	bur	tol	sin	hem	lac
pis	bor	til	son	hom	lic
pos	bir	tul	sen	hum	loc
pus	ber	tel	sun	ham	luc

83

ETAPA DE PROGRESO : Sílabas diptongadas.

Los niños tocan el piano.

piano	viuda	siete	radio
pieza	viaje	cielo	nadie
piojo	viejo	ciego	indio

Diego no tiene miedo.

(ia)   (ie)   (io)   (iu)

viejo   canario   pie

1. El **viejo** tiene bigotes largos.
2. El **canario** come alpiste.
3. Sonia se luxó el **pie** derecho.

Doña Rana

La señora rana
salió una mañana.
Llevaba coqueta,
perfume a violeta.

Caminando al rato
la vio el señor pato.
—No se haga rogar.
¡Venga a navegar!

Carlos J. Durán.

ÁREA DE EXPRESIÓN Y APRECIACIÓN ARTÍSTICA : Instrumentos musicales.

Nombra los instrumentos musicales que conoces e imita sus sonidos.

¡Qué rico hueso!

hueso	rueda	cueva	fuego
huevo	ruido	cuello	juego
hueco	ruedo	cuota	suela

Luisa come buñuelos.

(ue) (ua) (ui) (uo)

abuela   **cigüeña**   **iguana**

1. Mi **abuela** me contó su sueño.
2. La **cigüeña** vuela a su nido.
3. La **iguana** puso un huevo.

En el carruaje

La niña rubia,
con su abuelito,
se va de viaje
en el carruaje.

A paso suave,
la yegua avanza.
—Niña risueña
ve con cuidado.

ÁREA DE PENSAMIENTO MATEMÁTICO: Los números del 51 al 60.

| 51 | 52 | 53 | 54 | 55 |
| 56 | 57 | 58 | 59 | 60 |

• Reconoce y escribe los números del 51 al 60.

51 52 __ 54 55 56 57 58 __ 60

Mi auto corre veloz.

auto	baile	reina	jaula
aula	naipe	reino	pauta
aire	boina	peine	sauce

Paulina baila muy bonito.

au eu ai ei oi

paila   rey   peine

1. La **paila** es una vasija de metal.
2. El **rey** baila con la reina.
3. Paula perdió su **peine** rojo.

El columpio

Yo tengo un columpio
de suave vaivén,
y en él muy contenta
me vengo a mecer.

¡Qué suave columpio!
¡Qué dulce vaivén!
¡Muchachos! ¿no quieren
conmigo jugar?

ÁREA DE EXPLORACIÓN Y CONOCIMENTO DEL MUNDO : Medios de transporte.

Enumera los medios de transporte que conoces;
clasifícalos y dialoga sobre su importancia y evolución.

¡Mira un platillo volador!

 platillo	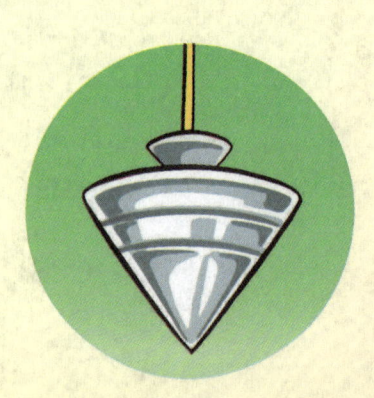 plomada	 pluma
platero	plegado	plomo
planeta	plegaria	plaza

Plácido viene de la playa.

pla   ple   pli   plo   plu

placa   plátano   platos

1. El alcalde develó la **placa**.
2. Plácido pela un **plátano** maduro.
3. El empleado lava los **platos**.

★★★

Doña Caracola
y don Caracol,
toman en la playa
un baño de sol.

Doña Caracola
y don Caracol
están en la playa
tendidos al sol.

Lilia Monzoni P.

ÁREA DE PENSAMIENTO MATEMÁTICO: Los números del 61 al 70.

| 61 | 62 | 63 | 64 | 65 |
| 66 | 67 | 68 | 69 | 70 |

• Reconoce y escribe los números del 61 al 70.

61 62 63 ___ 65 66 67 ___ 69 70

91

Me gusta mi clase.

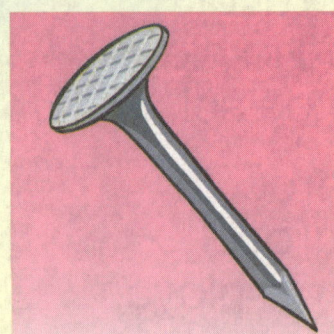

clavo	recluta	clavel
clara	reclamo	clarín
clase	esclavo	clima

Clotilde corta un clavel rojo.

cla   cle   cli   clu   clo

ancla    bicicleta    clarín

1. El barco echó el **ancla** en la bahía.
2. Clara maneja su **bicicleta** roja.
3. Clemente toca **clarín** y clarinete.

Las campanas

Las claras campanas,
en claras mañanas,
su clara voz dan:
tintán y tintán.

Por plazas y calles,
por lomas y valles,
llamándonos van :
tintán y tintán.

Germán Berdiales.

ÁREA DE DESARROLLO FÍSICO Y SALUD : Seguridad vial.

Nombra los vehículos que observas y comenta sobre la forma de conducir, para evitar los accidentes.

Coquito infla un globo.

globo
gloria
glúteo

glorieta
gladiolo
glóbulo

iglú
siglo
jungla

Gleny arregla la glorieta.

glo   gle   glu   gla   gli

gloton   siglo    regla

1. Mi tío Glicerio es un **glotón**.
2. 100 años hacen un **siglo**.
3. Gladis usa la **regla** de su hermana.

Mi globito

Un lindo globito
de rojo color
formaba mi dicha
mi gloria, mi amor.

No sé cómo fue:
entonces..., saltó
y el lindo globito
al cielo voló.

ÁREA DE LENGUAJE Y COMUNICACIÓN : Fábula «El lobo ingrato».

Escucha la fábula y coméntala.

¡Qué bloque tan alto!

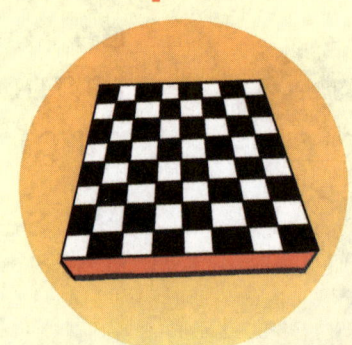

pueblo | tablero | roble
mueble | tableta | tabla
niebla | tablado | cable

Pablito sube al tablado.

(blo) (blu) (bla) (ble) (bli)

blusa   sable   tabla

1. Pablito me vendió una **blusa**.
2. El **sable** de Bladimiro es nuevo.
3. La **tabla** es madera de roble.

★★★

Mi muñeca

Tengo una muñeca
vestida de azul,
con zapatos nuevos
y blusa de tul.

Salta la tablita,
yo ya la salté.
Sáltala en el roble :
bla, ble, bli, blo, blu.

ÁREA DE PENSAMIENTO MATEMÁTICO : Los números del 71 al 80.

| 71 | 72 | 73 | 74 | 75 |
| 76 | 77 | 78 | 79 | 80 |

● Reconoce y escribe los números del 71 al 80.

| 71 | 72 | | 74 | 75 | 76 | 77 | 78 | | 80 |

La **flecha** dió en el blanco.

flecha   flaco   flores
flema   flota   florido
flojo   flete   florero

Florencia sale de la florería.

fla   flo   flu   fle   fli

rifle florero flecha

1. Flavio vendió el **rifle** del abuelo.
2. El **florero** nuevo está sin flores.
3. La **flecha** rompió el tablero.

Flores para ti

Las flores más bellas
que en el campo vi,
las corté, mamita,
todas para ti.

Estas flores tienen,
de perfumes, mil
y todo mi anhelo
que seas feliz.

Anónimo.

REFORZAMIENTO: Ejercicios fonosilábicos. Lectura por columnas de arriba abajo y viceversa.

plato	clavo	bloque	flecha	globo	atleta
pla	cla	blo	fle	glo	tle
ple	cle	blu	flo	gla	tla
pli	clo	bla	flu	gle	tli
plo	cli	ble	fla	gli	tlu
plu	clu	bli	fli	glu	tlo

Los niños contemplan el prado.

prado	primero	profesor
prisa	prefecto	prudente
preso	promesa	pretexto

Primo recibió una sorpresa.

pra pri pre pru pro

preso   premio   represa

1. El **preso** usa uniforme a rayas.
2. Sixto ganó el primer **premio**.
3. El profesor visitó la **represa**.

La primavera

La bella primavera
de verde se vistió;
florecen los rosales,
el lirio y el jazmín.

¡Al tiro, liro, liro!
¡Al tiro, liro la!
Cantemos y bailemos
que a prisa el día va.

ÁREA DE DESARROLLO FÍSICO Y SALUD: Los deportes.

Reconoce y aprecia tus logros y los de tus compañeros.

La grúa levanta carga.

grúa	cangrejo	peligro
grifo	congreso	vinagre
grillo	progreso	milagro

Greta es una niña alegre.

gru   gri   gro   gre   gra

tigre    gradas    grillos

1. El **tigre** se salvó de milagro.
2. Graciela sube las **gradas** despacio.
3. El granero está plagado de **grillos**.

⭐⭐⭐

El grillo

¡ Gri...gri...gro !
Canta un grillito.
¡ Gri...gri...gra... !
¿dónde estará?

¡ Gri...gri...gro !
es un grillito
chiquito y negrito,
bonito y gritón.

Ercilia Cabrera B.

ÁREA DE DESARROLLO PERSONAL Y SOCIAL : Situaciones peligrosas.

Reconoce algunas acciones que ponen en peligro tu integridad física y toma las medidas de prevención necesarias.

Tu broma me asusta.

brocha	sombrero	hombre
brecha	sombrilla	hambre
broche	sembrado	hombro

Brígida abraza a su sobrina.

bro   bri   bre   bru   bra

brazo    **libro**    **cabrito**

1. Bruno se lastimó el **brazo** derecho.
2. El **libro** Coquito es mi tesoro.
3. Un **cabrito** se quedó en el pesebre.

★★★

Marcelino

Marcelino,
fue por vino,
quebró el vaso
en el camino.

Pobre vaso,
pobre vino,
pobre, pobre,
Marcelino.

ÁREA DE PENSAMIENTO MATEMÁTICO: Los números del 81 al 90.

| 81 | 82 | 83 | 84 | 85 |
| 86 | 87 | 88 | 89 | 90 |

● Reconoce y escribe los números del 81 al 90.

81 __ 83 84 85 86 87 __ 89 90

El dragón asusta a los niños.

dragón ladrillo madre
drama   padrino   padre
droga   madrina   cedro

Drago saluda a su madrina.

dra   dre   dri   dro   dru

cuadro   golondrina   piedra

1. Mi madre pinta un hermoso **cuadro**.
2. Llegó la primera **golondrina**.
3. Una **piedra** le cayó al padrino.

★★★

Los patitos

Todos los patitos
se fueron a bañar;
el más pequeñito
no sabe nadar.

Su madre enfadada,
le quiso pegar:
el pobre patito
se puso a llorar.

ÁREA DE PENSAMIENTO MATEMÁTICO: Los números del 91 al 100.

| 91 | 92 | 93 | 94 | 95 |
| 96 | 97 | 98 | 99 | 100 |

● Reconoce y escribe los números del 91 al 100.

91 92 93 94 ___ 96 97 98 ___ 100

Me gusta manejar el triciclo.

triciclo	trucha	estrella
tribuna	trecho	estreno
trabajo	trocha	estrado

Trinidad quiere ser astronauta.

tri   tru   tra   tre   tro

trigo   litro   sastre

1. Las aves se comieron el **trigo**.
2. Bruno compró un **litro** de leche.
3. El **sastre** cortó un metro de tela.

Los dos cerditos

Por la calle abajo
triqui, triqui, tri,
van dos cerditos
triqui, triqui, tro.

Llevan pantalones
lirón, lirón, lirón;
son dos galanes
triqui, triqui, tro.

ÁREA DE EXPLORACIÓN Y CONOCIMENTO DEL MUNDO: Utilidad de las plantas. El trigo.

Comenta sobre la importancia del trigo en tu alimentación.
Enumera algunos alimentos que se derivan del trigo.

¡Qué rica es la fruta!

fruta	fragata	cofre
fresa	franela	cifra
frase	frenillo	zafra

Frecia disfruta de su refrigerio.

fru fra fre fri fro

fresas		freno		fresa

1. Frida prepara mermelada de **fresas**.
2. Alfredo presiona el **freno** del carro.
3. La **fresa** es una fruta sabrosa.

La fruta

¡ Qué linda en la rama
la fruta se ve !
Si lanzo una piedra,
tendrá que caer.

No es mío este árbol,
no es mío, lo sé ;
mas, yo de esa fruta
quisiera comer.

ÁREA DE DESARROLLO FÍSICO Y SALUD : Higiene de los alimentos.

Comenta las medidas a tomar para conservar los alimentos
y las acciones a realizar antes de consumirlos.

En el recreo jugamos contentos.

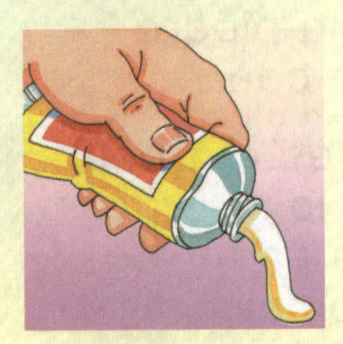

crema | crayones | cráter
cromo | crédito | credo
cráneo | crónica | crudo

Crisanto me contó un secreto.

cri   cra   cre   cru   cro

cromos   **cráneo**   **microbús**

1. Los niños coleccionan **cromos**.
2. Mis primos encontraron un **cráneo**.
3. Lucrecia baja del **microbús**.

★★★

El sapo y el sapito

Croa el sapo,
croa, croa, croa,
croa con su cría
cría, cría, cría.

Sapo y sapito,
saltan todo el día.
Croa, cría, croa, cría,
el sapo con su cría.

REFORZAMIENTO: Ejercicios fonosilábicos. Lectura por columnas de arriba abajo y viceversa.

grúa	brocha	dragón	trucha	fruta	cráneo
gru	bro	dra	tru	fru	cra
gri	bri	dre	tri	fre	cre
gro	bre	dri	tra	fri	cri
gre	bru	dro	tre	fra	cro
gra	bra	dru	tro	fro	cru

113

ETAPA DE PROGRESO : Sílabas complejas.

El tren corre sobre rieles.

tren
tres
cruz

planta
blanco
claxon

trompo
trompa
trampa

tablón
temblor
renglón

Francisco lee la prensa.

plan   flor   crin   gris

114

tractor   frasco   plancha

1. Blas compró un **tractor** francés.
2. El **frasco** es de cristal transparente.
3. Un ladrón robó mi **plancha** nueva.

Trabalenguas

Tres veces, Patricia dijo:
En un plato de trigo
tres tristes tigres
comieron trigo.

Y tres hombres miraban
a otros tres tigres,
que tristes tragaban
tres trozos de grasa.

ÁREA DE LENGUAJE Y COMUNICACIÓN : Lectura de monosílabos.

plan	flan	flor	clan	club
tren	tres	cruz	crin	gris
clic	clip	bloc	frac	dril

Lee y pinta de rosado los recuadros de las palabras que comprendes.

Este puente es de piedras.

puente
puerta
puerto

nuez
juez
buey

viento
biombo
vianda

lección
nación
pasión

Luis vigila la construcción.

piel   fiel   diez   cien

avión　　　　　paraguas　　　　　buey

1. El **avión** aterrizó en el aeropuerto.
2. El **paraguas** se usa cuando llueve.
3. La fuerza del **buey** mueve el arado.

★★★

Trabalenguas

Juan Pinto,
sable al cinto,
contó de cuentos
un ciento.

Y un chico
dijo contento :
¡Cuánto cuento
cuenta Pinto!

ÁREA DE LENGUAJE Y COMUNICACIÓN : Lectura de monosílabos.

miel	piel	riel	fiel	hiel
bien	cien	diez	pies	dios
nuez	juez	pues	buey

Lee y pinta de rosado el recuadro de las palabras que llevan el diptongo «ie».

ETAPA DE AFIANZAMIENTO : Textos cortos de comprensión lectora.

¡ Ya sé leer !

¡Ay, qué gusto,
qué alegría;
ahora sí
ya sé leer!

Con mi libro
todo el día
no me canso
de estudiar.

Ese tiempo
tan cortito
lo he sabido
aprovechar.

La maestra
y mi COQUITO
me enseñaron
a leer.

Cantar con la música de : La vuelta a la escuela.

Por egoístas

Dos gatitos cazaban ratones.

El más listo tomó uno y, cuando se disponía a comerlo, el otro le dijo:

—¡Espera!, yo también quiero participar en tu cena.

—Yo lo tomé y es mío.
¡Que sí, que no! Discutieron largo rato.

Entre tanto, el ratón escapó...

Acciones sugeridas:
—¿Por qué no debemos hacer daño a los animales?   —Aprende una canción alusiva al tema.

Voces de los animales

Los animales
no hablan
como el hombre.

Ellos se comunican
mediante sonidos
propios. Así :

El gato maúlla,
la paloma, arrulla;
y el lobo, aúlla.

La oveja, bala ;
y la abeja, zumba.

El león, ruge ;
y la vaca, muge.

El gallo, canta ;
y el pato, parpa.

El perro, ladra ;
y la gallina, cacarea.

El caballo, relincha ;
y el burro, rebuzna.

El durazno vivo

Ruth María, una niñita de cinco años, come con sus hermanitos.

Se sirve de postre grandes duraznos en conserva.

Ruth quiere cortar el suyo, pero el durazno da un salto y sale del plato.

¡Mamá!, —grita la niña— ¡el durazno está vivo!

José y Jorge se ríen de la ocurrencia de su hermanita.

Acciones sugeridas :
—¿Qué personajes intervienen en la lectura? —¿Por qué salta el durazno? —¿Por qué se ríen de Ruth?

A mi mamá

Mamita preciosa,
mi dulce embeleso,
deja que en tu cara
deposite un beso.

Deja que me ponga
sobre tu regazo,
deja que te estreche
en un tierno abrazo.

Quiero que me tengas
cerquita de ti.
Sin tu fiel amparo,
¿qué fuera de mí?

Te quiero, mamita;
te quiero, te quiero,
con cariño hondo,
con amor sincero.

Anónimo.

Trabalenguas

Tipi, tape, tipi, tape,
tipitape, tipitón;
tipitape, zapa, zapa,
zapatero remendón.

Pedro Pérez Peña,
pintor preciso,
pinta puertas
por poco precio.

En el agua clara

En el agua clara
que brota en la fuente,
un lindo pescado
sale de repente.

—Lindo pescadito,
¿no quieres venir
a jugar con mi aro?
¡Vamos al jardín!

—Yo vivo en el agua,
no puedo salir.
Mi madre me ha dicho:
«No salgas de aquí».

Gabilondo Soler - México

ÁREA DE PENSAMIENTO MATEMÁTICO: Los números hasta el 100. Las decenas.

Ya sé contar

1	2	3	4	5	6	7	8	9	10
11	12	13	14	15	16	17	18	19	20
21	22	23	24	25	26	27	28	29	30
31	32	33	34	35	36	37	38	39	40
41	42	43	44	45	46	47	48	49	50
51	52	53	54	55	56	57	58	59	60
61	62	63	64	65	66	67	68	69	70
71	72	73	74	75	76	77	78	79	80
81	82	83	84	85	86	87	88	89	90
91	92	93	94	95	96	97	98	99	100

10 + 20 + 30 + 40 + 50 + 60 + 70 + 80 + 90 + 100

Las partes del cuerpo

Mi cuerpecito
que poco mide,
en varias partes
él se divide.

Cabeza, tronco
y extremidades,
las digo todas,
mas no te enfades.

Al tronco unidos
están los brazos
y las dos piernas
con que doy pasos.

Pero en los brazos
tengo las manos;
en las dos piernas,
los pies llevamos.

Todas las partes
que oyendo vas,
el cuerpo tiene,
no digas más.

Lucila García Jaramillo.

ACCIONES SUGERIDAS :
1. ¿En cuántas partes se divide el cuerpo humano?
2. ¿Cómo van unidas al tronco?
3. ¿Qué debemos hacer para que nuestro cuerpo esté sano?

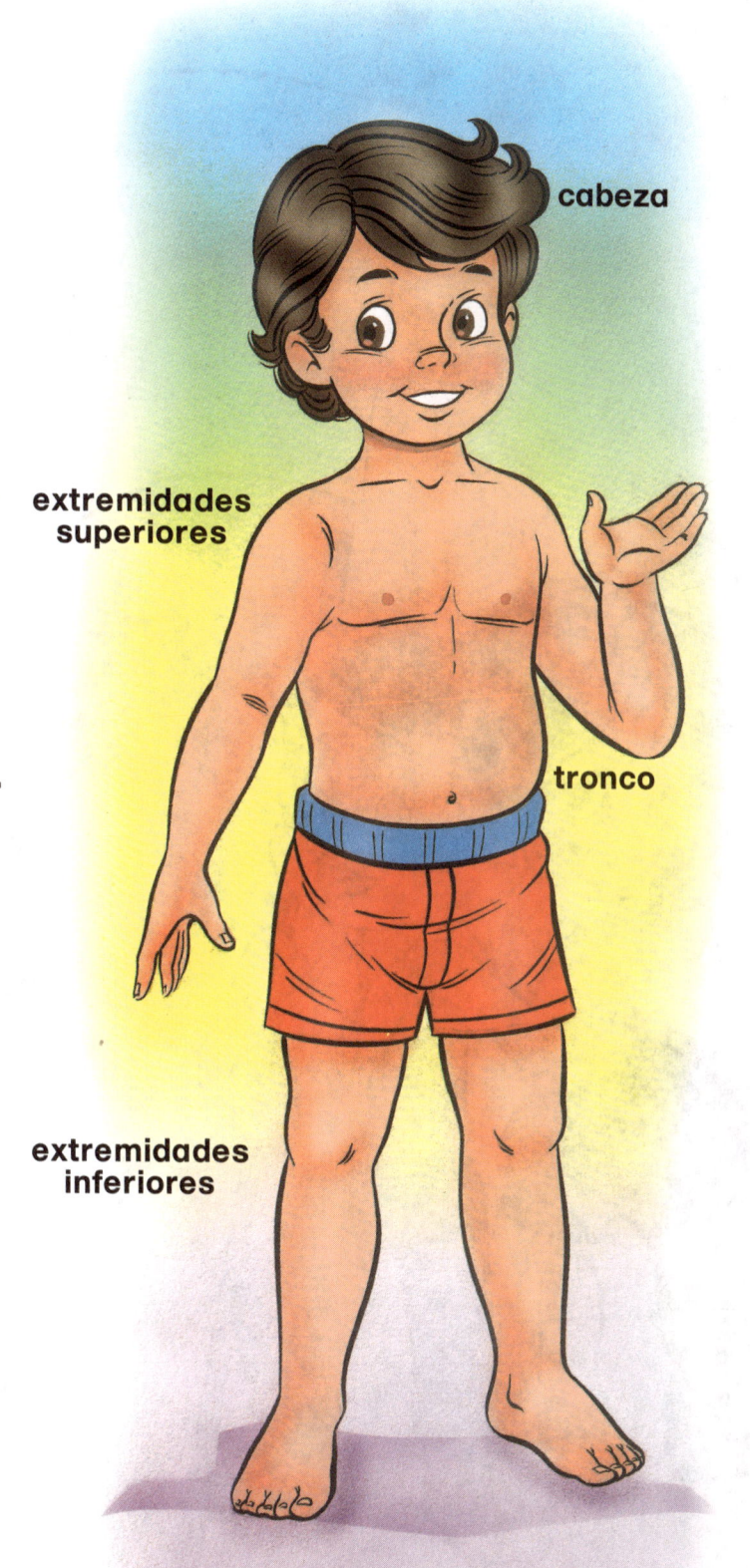

ÁREA DE DESARROLLO PERSONAL Y SOCIAL : Mi Patria.

Banderita mía

Aunque soy todavía
niño pequeño,
Bandera de mi Patria
contigo sueño.

Sueño que un día
seré tu abanderado,
Bandera mía.

En mi sueño glorioso,
tu paño beso
y siento en el hombro
tu dulce peso.

Bandera amada,
en mi sueño de niño,
vas reclinada.

- Pinta los colores de tu bandera.

Germán Berdiales.

- Reconoce tu bandera y coloca un aspa debajo de ella.

Argentina	Bolivia	Brasil

Colombia	Costa Rica	Chile

Cuba	Ecuador	España	Puerto Rico

EE.UU.	El Salvador	Guatemala	Honduras

México	Nicaragua	Panamá	Paraguay

Perú	Rep. Dominicana	Uruguay	Venezuela

127

Adivina, adivinador...

Tiene las orejas largas,
tiene cola pequeña,
en los corrales se cría
y en el monte tiene cuevas.

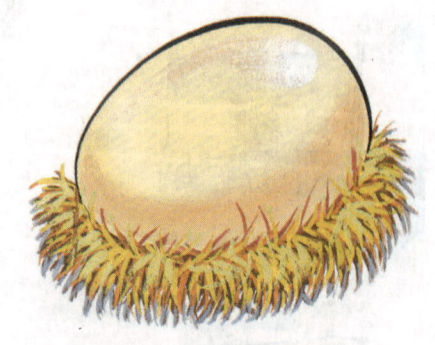

Mi madre es tartamuda,
mi padre es cantador,
tengo blanco mi vestido,
amarillo el corazón.

¡Arre, caballito!

¡Arre, caballito!
¡Vamos a Cancún!
que mañana es fiesta,
pasado también.

¡Arre, caballito!
¡Vamos a Cancún!
a ver a mis tíos
y primos también.

¡Arre, caballito!
¡Vamos a Cancún!
corre y llegaremos
en un santiamén.